弈博明道智慧职场系列工具书

飞猫

"小蘑菇"晋级工具箱

腾 静 冯丽霞 王希文·编著

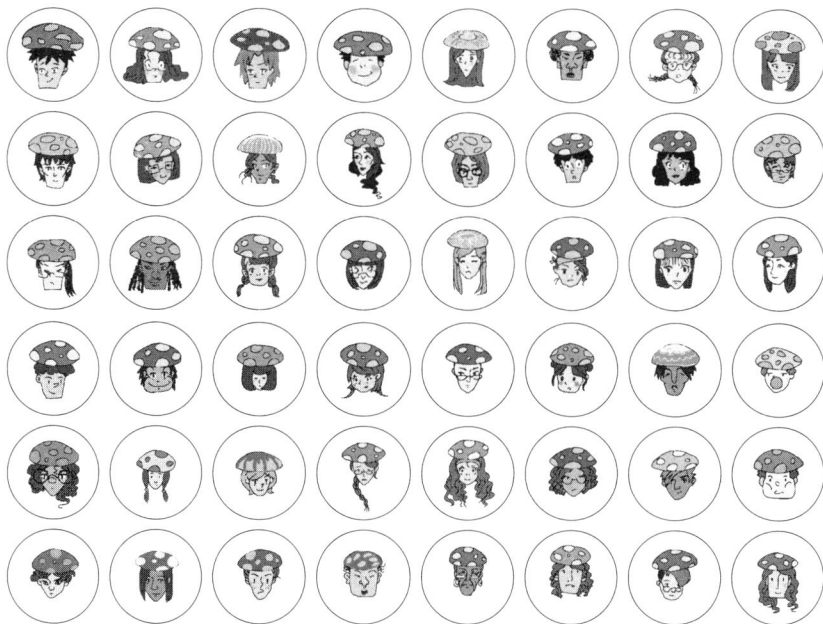

电子工业出版社·
Publishing House of Electronics Industry
北京·BEIJING

内容提要

本书是职场老前辈经验的沉淀，是访谈智慧职场高手后的提炼，它真正从工作实际出发，选取智慧职场中的八大生存之道，精雕细琢48个实用工具，拿来即用、稍改即可；读者还可以利用书中的工具地图、小蘑菇形象与本书互动，进行实操演练，增强记忆。

本书可以作为应届大学毕业生进入职场前的普及性工具书，各类企业新员工入职学习、储备干部培训的教案，以及教育培训机构、管理咨询公司的实用工具模板，还可以作为各高校或职业院校职场生涯、创新创业、职业素养等选修课设计的参考。

图书在版编目（CIP）数据

"小蘑菇"晋级工具箱/腾静，冯丽霞，王希文编著. —北京：电子工业出版社，2019.1
（弈博明道智慧职场系列工具书）
ISBN 978-7-121-35344-4

Ⅰ. ①小⋯ Ⅱ. ①腾⋯ ②冯⋯ ③王⋯ Ⅲ. ①职业培训 Ⅳ. ①C975

中国版本图书馆CIP数据核字（2018）第245082号

策划编辑：于 兰
责任编辑：于 兰
特约编辑：孙 鹏
印　　刷：三河市鑫金马印装有限公司
装　　订：三河市鑫金马印装有限公司
出版发行：电子工业出版社
　　　　　北京市海淀区万寿路173信箱　　邮编：100036
开　　本：720×1000　1/16　印张：16.75　字数：245千字　彩插：1
版　　次：2019年1月第1版
印　　次：2019年1月第1次印刷
定　　价：55.00元

凡所购买电子工业出版社图书有缺损问题，请向购买书店调换。若书店售缺，请与本社发行部联系，联系及邮购电话：（010）88254888，88258888。

质量投诉请发邮件至zlts@phei.com.cn，盗版侵权举报请发邮件至dbqq@phei.com.cn。

本书咨询联系方式：QQ1069038421，yul@phei.com.cn。

　　初入职场的新手"吃的是杂粮，干的是杂活，做的是杂事"，他们的蜕变就像小蘑菇的生长过程一样。他们或被分配到不受重视的部门，或被安排做打杂跑腿的工作，有时还会像小蘑菇一样被人浇上一头"大粪"，代人受过，甚至被职场前辈嘲笑，受到无端的批评、指责……

　　职场新手，尤其是00后、95后，初入职场时，处于职场能力指数的基础级，还不能成为职场的骨干。但是这些互联网时代出生的网络"原住民"的出现，对已有的整个职场环境和氛围是个冲击。目前职场新手的起手式架势摆得不错，但离成功还有"1万个小时"的距离。各类组织对于职场新手不要棒杀，更不要捧杀，对他们要包容、引导和支持，给他们拿来即用、稍改即可的工具和方法是一个好的选择。

　　起手式是叶问在开战之前说那句"咏春，叶问"时摆出的手势。在金庸小说里，少林高僧仅仅凭借几招起手式，就可以打败对手。《碧血剑》里袁承志讲到"起手式"时所言："你以为起手式只是客套招数，临敌时无用吗？要知道咱们祖师爷创下这套拳来，没有一招不能克敌制胜。"可见，所谓起手式，就是任凭对手有大招、绝活或奇技，只要你摆好架势，基本上就能稳操胜算了。

　　在职场智慧中，起手式对应的是"基础"二字，就是职场新人在夯实职场"地基"阶段，操作好经典工具、练就正确的质量意识，并形成简单、高效的工作习惯。

无数武林高手，打到最后拼的就是内力。所以，初入职场的"小蘑菇"打好智慧职场起手式这48招，就是练好基本功，不怕重复，夯实基础，熟练运用智慧工具、方法和技巧。

那么，智慧职场的起手式是什么？如何练好起手式以做到事半功倍？如何做到以四两拨千斤？如何高效学习职场智慧成为行业高手？高校、职业院校对应届毕业生培训要讲什么内容？企业对试用期的新员工进行培训时要讲什么内容？等等。

本书选取的职场工具可以解决上述问题。这些工具包括：蘑菇定律、"面霸"养成术、水平比较法、5Why分析法、鱼骨图、工作日志法、头脑风暴法、SWOT分析法、决策树法、是/非矩阵、系统思考法、时间管理矩阵、OGSM模型、生涯规划……每个工具的呈现既明确、具体、有案例，又简单、实用、可操作。48个工具介绍所涉及的内容可分为11类，具体如图所示。

| 工具溯源 | 工具简介 | 模型量表 | 陷阱防范 | 表单图示 | 通道技巧 |
| | 流程步骤 | 运用须知 | 规则要点 | 注意事项 | 智慧案例 |

1. 内容设置

本书是职场老前辈经验的沉淀，是对智慧职场高手访谈的提炼，真正从实际工作出发，选取了智慧职场中的八大生存之道、48个精雕细琢的实用工具，拿来即用、稍改即可。

其中，"工具地图"插画可以互动（读书前和读书后分别把全书48个工具写上去吧），"工具1"中"互动环节"里的小蘑菇形象可以对号入座（一个小蘑菇代表一个职场实用工具，赶紧给你喜欢的小蘑菇起个名吧）。

"加个任务"小模块可以实现课后作业、延伸思考的功能。

2. 读者群体

职场零工作经验的新手、应届毕业生、企业试用期新员工、管理培训生、储备干部、咨询公司的项目助理，以及关注职场智慧、爱思考、擅创作的斜杠青年、跨界人才和具有创新创业精神的读者朋友都会从本书中获益。

3. 主要用途

本书可以作为应届大学毕业生进入职场前的普及性工具书，各类企业新员工、管培生、储备干部入职学习和培训的大辞典，以及教育培训机构、管理咨询公司的实用工具模板。

本书撰写人员及分工如下：

腾　静、王胜会　第一章

冯丽霞　第二章

腾　静　第三章

冯丽霞　第四章

弓缘缘　第五章

李　维　第六章

王希文　第七章

王胜会、王希文　第八章

全书由腾静、冯丽霞、王希文统撰定稿。

在本书的撰写和相关研究过程中，还得到了冠美百思特商学院、弈博明道作家导师团和状元汇的大力支持。作为智囊团顾问的各位老总、老师（见附录B）为本书的策划、创作提出了宝贵的意见和建议。责任编辑于兰老师也为本书的出版付出了辛劳。插画设计师宋凝绘制了本书的工具地图和48个小蘑菇形象插画。借此出版机会，一并对所有参与本书创作的合作机构和朋友表示敬意和感谢。

目 录
CONTENTS

第 2 章
Chapter_02

未雨绸缪：干得好，记得好，说得好_043

<table>
<tbody>
<tr><td>第 5 章
Chapter_05</td><td>真正纯粹：抓住一个点，一针捅破天_137</td></tr>
</tbody>
</table>

第 7 章
Chapter_07

跑完马拉松：打铁还得自身硬_195

第 8 章　摔面具做自己：新枝似柳，旧枝类鞭_221
Chapter_08

Working

工具地图

01

Chapter

第 1 章

脱颖而出：
快速入职，站好位置

"脱颖而出"和"锋芒毕露"都可以用来形容一个人的才能全部展现。"脱颖而出"偏重于"出",即外显,也就是指原来并不突出,被重用之后显露超群的本领;而"锋芒毕露"偏重于"露",即才能完全被他人察觉到。

初入职场的小白、菜鸟、应届毕业生和企业新员工,如何才能在初入职场不是太久就出类拔萃、鹤立鸡群、崭露头角呢?

英特尔公司前CEO、《十倍速时代》的作者安德·格鲁夫(Andy Grove)曾经说过,"没有人欠你一份工作,更没有人欠你一份事业。我们置身于成功与失败都以10倍速进行的时代。""在这样一个混乱与变化加速的时代,机会不断涌现,却又瞬息消失。""在10倍速时代,行动准则与节奏是不同的。上一个小时造就你的因素下一个小时就可能颠覆你。无论企业或个人,都必须掌握这个节奏,否则就要接受灭顶。"针对这个变局,格鲁夫提出一个关键性的概念——"策略转折点",教导我们预测变局,创造转机。

在当今这个时代,智慧职场的新手不应该过分谦虚,你需要提前储备知识,事前选好工具,适时抓住时机表现自己。你不说自己想干、能干,别人会像父母、亲戚、朋友一样给你好机会吗?不会!你不试一试、做一做,别人甚至连你自己都不会知道你的潜力有多大。

新人遇到的问题	智慧解决工具
以为职场老板和同事还像学校老师和同学一样	工具1:蘑菇定律
不了解真正的社会环境,求职没有风险防范意识	工具2:"面霸"养成术
面试前背了很多,但还是不知道面试官会问什么问题	工具3:面试题库
新岗位、新工作、新任务不太适合,却找不到缓解措施	工具4:性格测试
不知背调,没有推荐信,不懂得运用第三方证言与佐证	工具5:入职通关卡
想找出差距明确提升点,却苦于找不到标杆对照	工具6:水平比较法

工具 1

蘑菇定律：
用好莱维森过渡时期

蘑菇定律（Mushroom Law）又称为萌发定律，这个词来源于20世纪70年代一批年轻的电脑程序员的创意。当时他们做的事情很另类，天天坐在电脑旁敲键盘，写着一行又一行别人看不懂的代码，许多人不理解，看不到他们工作的价值。所以电脑程序员们就自嘲像"小蘑菇"一样在职场中不被关注、重视。

初入职场的应届毕业生和企业新员工们，又何尝不是一个"小蘑菇"呢？蘑菇的生长经历了一个"在阴暗的角落不时被浇上一头大粪"的过程，职场新人的成长就像电脑程序员一样，不可避免地也会经历这样一个过程。

职场新人通常被分配到不被老板看重的部门或边缘岗位，或者有意无意地被安排做一些打杂跑腿的工作，就像《毕业生生存指南》中，学校的风云人物、品学兼优的尖子生带着图书编辑的求职美梦却屡遇波折的莱顿，和拥有音乐梦想的亚当一样；就像电影《穿普拉达的女王》中，带着记者梦想从学校毕业却干了时装杂志总编助理工作的安迪一样……所以，职场新人经常说自己"吃的是杂粮，干的是杂活，做的是杂人"。

而且，职场新人经常受到无端的批评、指责，代人受过，被职场前辈抢功。在很多情况下，企业和主管缺少对他们必要的重视、指导和提携，这种情况与蘑菇的生长过程极为相似。然而，"蘑菇期"只是一个人职业生涯或者职业生命周期中的过渡阶段，"蘑菇期"是长是短、是像炼狱般煎熬还是在痛苦中快速成长，真的取决于个人。

1.1.1 蘑菇定律的运用

在管理学中，蘑菇定律是指适用于组织对待职场新人的一种具有普遍性的管理方法。无论你是多么优秀的人才，在初入职场的时候，都只能从最简单的事情做起。蘑菇的经历，对于成长中的职场新人来说，就像蚕茧，是羽化前必须经历的一步。

然而，换个角度看，蘑菇经历并不一定是什么坏事，尤其是在职场生涯刚刚开始的时候。当几天"小蘑菇"，能够消除职场新人很多不切实际的幻想，让他们更加接近职场的现状、现物、现实，看问题也更加实际。试问，有几位职场老前辈没有曾经做过"小蘑菇"的经历？

众所周知，在世界级大公司里，管理人员都要从基层做起，就连老板的孩子要接班也得从基层小事做起，因为这是他们培养优秀继任者的有效方式。

只有从基层干起，才能了解企业生产经营的整体运作，在日后工作中方能更得心应手；只有从基层干起，才有利于了解最真实的企业状况，积累经验，收集并用好一线的调研资料；只有从基层干起，经受艰苦的磨砺和考验，才能体验不同岗位乃至人生奋斗的艰辛，更加懂得珍惜。同时，企业也便于从中发现人才、培养人才。所以说，蘑菇经历对于年轻人来说是成长必经的一个阶段，关键是选择如何度过！

1.1.2 莱维森成人发展时期理论模型

丹尼尔·莱维森（Daniel Levinson）认为，成年人的生命经历存在一个隐藏的顺序，他将人生的重要阶段比喻为季节，即人的生命中有4个时期，未成年期、成年早期、中年期和成年后期。每个时期都包含过渡期和稳定期，两个时期之间称为交叉过渡期。莱维森的成人发展时期理论模型如图1-1所示。

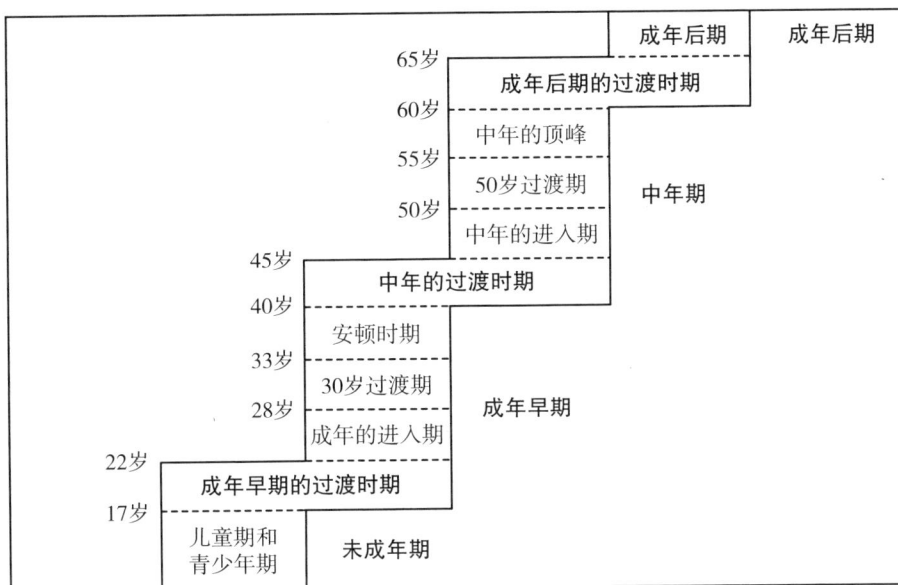

图1-1　莱维森的成人发展时期理论模型

成人发展时期理论模型存在3个过渡时期，在每个过渡时期中，个人将反思和检查过去阶段中存在的问题，并积极寻找对策。

小蘑菇时期对应的应该是莱维森模型的"成年早期的过渡时期"，但是有的人会不会将它延长至"成年早期"就不好说了。所以，如何快速、智慧地走过职场生涯的这段小蘑菇阶段，从中尽可能汲取经验、厚积薄发，并树立起高效、干练、值得信赖的个人品牌，是每个刚步入职场的年轻人必须面对的课题。

1.1.3 智慧职场案例：斯坦福的"小蘑菇"

纵然，蘑菇定律能够让职场新人汲取经验、迅速成熟起来，但是很多年轻人也因为被"闲置"而对工作失去热情，甚至选择离职。那么，职场新人到底怎样才能当上一个成功的"蘑菇"，在职场道路上有效利用这段闲置期呢？

惠普公司前CEO卡莉·费奥瑞娜从斯坦福大学法学院毕业后，做的第一份工作是一家地产公司的电话接线员，岗位职责就是打字、复印、收发文件、整理文件等。所以，当时她的父母和亲戚朋友都对她的工作不满意，"一个斯坦福大学的毕业生怎么能甘心做这些没有价值的工作？"但她没有任何怨言，一边继续把手头工作做好，一边等待机会，费奥瑞娜好像也懂得"骑驴找马"的道理。

一天，公司的经纪人问她能否帮忙写点文稿，她欣然同意了。也就是这一次机会改变了她的整个职场人生。而对于惠普来说，费奥瑞娜是个不折不扣的"异类"：她是第一个非公司内部晋升的执行总裁，她是第一位在惠普风格的男权文化体系中担任领袖的女性。

每个职场新人都希望在职场中如鱼得水，都渴望得到老板、主管的赏识和重用，都向往成绩得到肯定、快速获得晋升。但是天上不会掉馅饼，没有谁会白白地送给你这一切，你只有用你的忍辱负重、坚韧不屈，用你的耐力、毅力去赢取。

作为一名初入职场的新人，尤其是高校、职业院校的应届毕业生，以及刚刚入职或尚在试用期的企业新员工，不可能完全避免犯小错误。然而，不犯别人已经犯过的错误，不重复犯同样的错误，应该说要求不高吧？是的，应该说这是基本要求。

所以，企业老板、部门负责人、直接主管对职场新人应该包容、支持，对他们犯的错误、出的问题，不要棒杀；对优点和成绩也不要捧杀；而作为职场新人，应该学会问题前置考虑、典型问题分析，以及高效运用解决问题的A计划+B方案。

工欲善其事，必先利其器。分析与解决职场的种种问题，除了顺利度过蘑菇期之外，还需要高效利用智慧工具、实用方法、落地模板，拿来即用、稍改即可。

是的，职场新人是"小蘑菇"，工作新手需要工具、方法、模板，你不仅要知道至少这48个智慧职场工具，还要灵活运用、深度挖掘、二次开发，在下面互动环节中对号入座，给每个"小蘑菇"起个创新式的好名字吧！然后与你的同学、同事和合作伙伴分享一下，这个"小蘑菇"为什么代表这个工具？为什么起这样一个名字？并回答一下：这是你运用得最好的一个工具吗？另外，你的同学、同事和合作伙伴运用得最好的工具又是哪一个，起了什么名字呢？

1.1.4 互动环节: 48个"小蘑菇"集体亮相

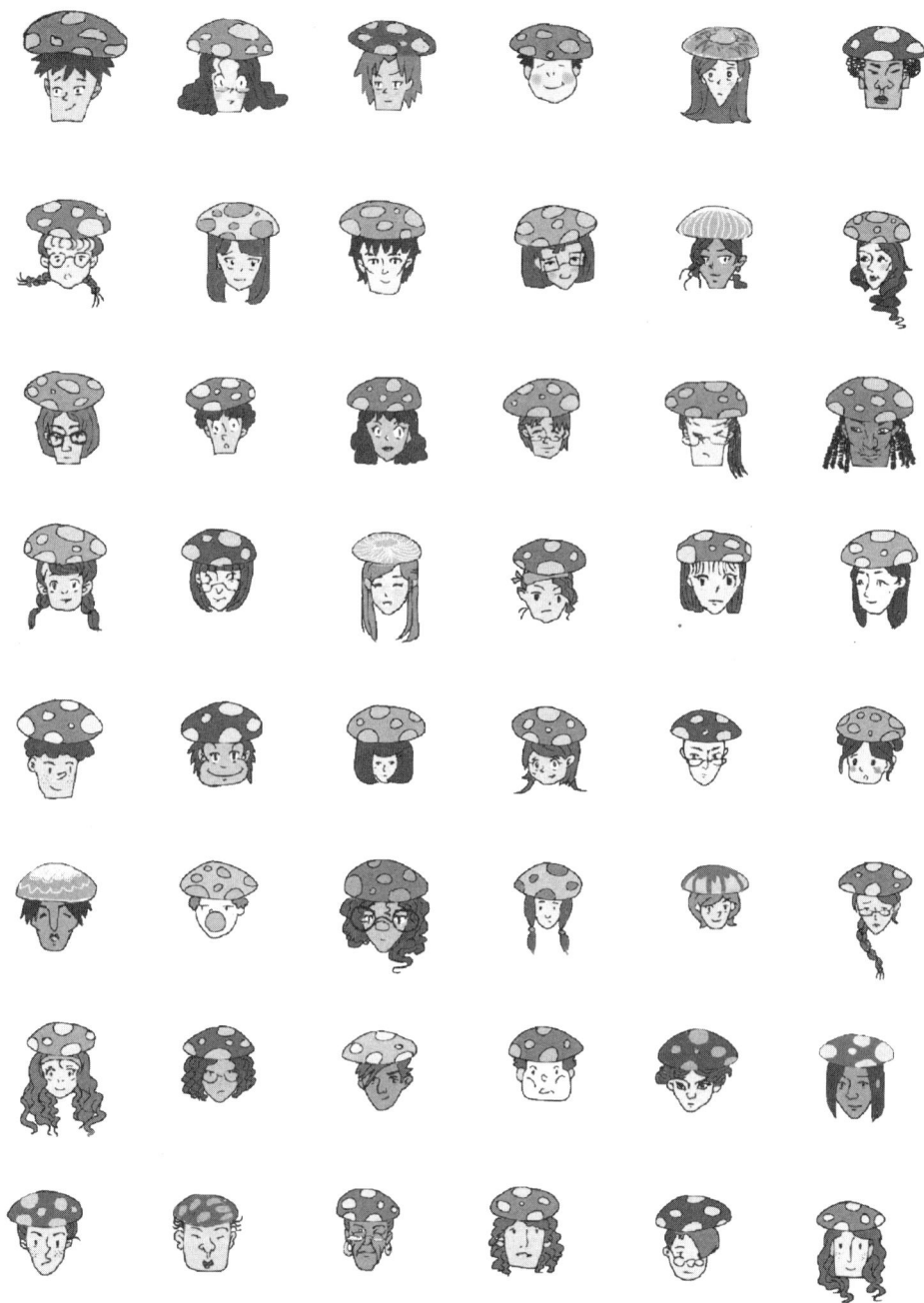

1.1.5 百森商学院的10D企业家特质

美国百森商学院（Babson College）创业研究中心主任威廉·拜格雷夫（William D.Bygrave）经过多年研究，得出企业家具备的特质，他将其总结为"10D"，即优秀企业家应该具备的10项特点和素质，可以用首字母为"D"的10个英文单词来界定。

当然，在智慧职场中游刃有余的"小蘑菇"离成为企业家还很远，但是，在大众创业、万众创新的时代，"打工也要有创业精神""不是工匠也要练就优秀工匠的超人技艺""不是企业家也要具备优秀企业家的职业素质"。

1. 梦想家（Dreamer）。智慧职场"小蘑菇"和优秀的企业家一样，对自己个体、组织整体和全社会都憧憬着一个美好的未来，更可贵的是，他们都有信心、有能力用行动去实现那些梦想。

2. 决策力（Decisiveness）。智慧职场"小蘑菇"和优秀的企业家一样，从不拖泥带水，他们果断、勇敢，经过调研、分析就快速下决定。

3. 实干家（Doers）。智慧职场"小蘑菇"都是落地派，从行动方案到过程纠偏，最后到成功。

4. 决心（Determination）。智慧职场"小蘑菇"言必行、行必果，即使遇到再大的困难和障碍，只要他们坚信方向是正确的，决不放弃。

5. 奉献（Dedication）。智慧职场"小蘑菇"全身心投入工作岗位，夜以继日。

6. 专注（Devotion）。智慧职场"小蘑菇"会谨慎选择职业，一旦选定，就全力以赴，不做到部门老大不走，不做到公司的领导层不算成功，只有做到行业专家才算是基本告一段落。

7. 细节（Details）。智慧职场"小蘑菇"相信"细节决定成败"。

8. **主导命运（Destiny）。** 智慧职场"小蘑菇"不相信"天上掉馅饼"，不坐等"兔子撞死在树下"，不怨天尤人，自己掌控自己的职场命运，自己为自己的行为负责。

9. **金钱（Dollars）。** 智慧职场"小蘑菇"用提成第一、销售冠军来证明自己的能力，用工资、奖金的逐步提高证明自己的价值。

10. **分配（Distribution）。** 智慧职场"小蘑菇"懂得财聚人散、财散人聚，既能激励自我，又能激励团队成员，有"小蘑菇"的地方就有欢乐、成绩和好的未来。

工具 2

"面霸"养成术：
跨过求职陷阱那些"坑"

每年毕业季，不少毕业生开始为求职而奔波忙碌。招聘单位鱼龙混杂，机遇与陷阱并存。央视曾联合智联招聘网对10000多名求职者进行网上调查，其中有55%的求职者遭遇过求职陷阱那些"坑"。

另外，51Job网站"求职安全系数"调查指出，最受求职者信赖的招聘渠道为大型专业招聘媒体；近4成的求职者面试后对公司福利不能逐一了解；23.97%的受访者在遭遇求职陷阱时采用"临时抱佛脚"政策；38.25%的求职者在遭受求职陷阱欺诈后选择默默承受。

求职陷阱五花八门，比如要求应聘者交纳"保证金"等费用、要求应聘者介绍他人加盟、不将承诺写入合同或窃取应聘者的私人资料或作品等。

面试指的是企业与应聘者双方进行面对面的沟通，并进行双向选择的过程。一方面，企业根据应聘者在面试过程中的表现对其做出评定，为企业做录用决策时提供依据；另一方面，应聘者也在选择企业，通过面试决定是否来企业上班。

"面霸"是对那些因为找工作而经常参加面试并且屡获成功的应聘者的一种调侃称呼，他们通常通过上网查询专门的面试技巧而积累面试经验。在这里，应届大学毕业生不必经常参加面试，不必天天上网查询面试技巧，本书将助力你成为真正的"面霸"，提前准备、减少面试、规避陷阱，找到适合自己的工作岗位，发挥个人实力，挖掘自身潜力。

1.2.1 就业协议陷阱与防范

就业协议是指普通高等学校毕业生和企业在正式确立劳动人事关系前，经过双向选择而达成的书面协议，是高校进行毕业生就业管理、编制就业方案和毕业生办理就业落户手续等有关事项的重要依据。在签订就业协议时，毕业生应防范以下3种陷阱。

1. 口头承诺。在面试时，企业会给予应聘者一些口头承诺，但是这些口头承诺如果没有在协议书中加以体现，就没有法律约束力。一旦协议主体间发生矛盾，吃亏的一般是毕业生本人。

2. 不平等协议。由于毕业生在招聘求职关系中处于弱势地位，维权意识淡薄，使就业协议在某种程度上成为"霸王合同"。

3. 将就业协议取代劳动合同。就业协议并不能够取代劳动合同，就业协议只是企业和求职者双方的简单约定，它不受法律保护，而劳动合同是企业与求职者双方依据国家法律确定的劳动关系，劳动合同才是求职者维护自身权益的保障。

关于成功，李嘉诚说过："你想过普通的生活，就会遇到普通的挫折。你想过最好的生活，就一定会遇上最强的伤害。这世界很公平，你想要最好，就一定会给你最痛。能闯过去，你就是赢家；闯不过去，那就乖乖退回去做个普通人吧。所谓成功并不是看你有多聪明，也不是要你出卖自己，而是看你能否笑着渡过难关！"

职场新人就把识别和避免"陷阱""大坑"当成打通关游戏时的"过五关、斩六将"吧！

1.2.2　虚假招聘陷阱与防范

招聘中的虚假信息对应聘者、招聘单位都存在着不利影响，职场新人一定要注意识别、保持警惕。一般而言，虚假招聘陷阱主要有以下4种，必须严加防范。

1. 利用招聘会变相收取高价门票。有些双选会未经有关主管单位审批而组织招聘，参加双选会的企业也良莠不齐，只为凑数，方便主办单位收取高价门票。这样的招聘会"小蘑菇"就不要去掺和了，你只选择去那种严格遵守"国家相关政策规定，招聘单位不得向应聘者收取任何费用"的招聘会就可以了。

2. 变相收费。有些招聘企业收取应聘者报名费、资料费或培训费等，"小蘑菇"千万不要上当，否则交出去的钱就收不回来了。钱的损失只是一方面，被破坏的找工作的好心情是需要时间愈合的。正规招聘不可能收费，也不应该违法扣押应聘者的身份证等任何证件。

3. 用招聘掩盖违法行为。有些企业打着招聘的幌子，欺骗毕业生做传销或其他违法的事情。如果应聘者不能及时识别，轻则被洗脑，重则有人身安全风险。如果遇到此类情况，首先要保护自身的安全，然后迅速报警。

4. 发布虚假招聘信息。企业为了及时填补空缺岗位或者掩盖其"录用试用期员工节省费用"的真实目的，在招聘时提供了虚假信息，如本来招聘的是"推销岗"，却在招聘信息中填写"营销策划岗"。可见，在被招聘单位选择的时候，"小蘑菇"也要好好选择公司，这是你行使"双向选择权"的机会。

1.2.3 非法中介陷阱与防范

非法中介主要是指未经劳动部门、工商部门等批准而从事职介、中介的非法机构。非法中介行骗时的惯用伎俩主要有以下4种，如图1-2所示。

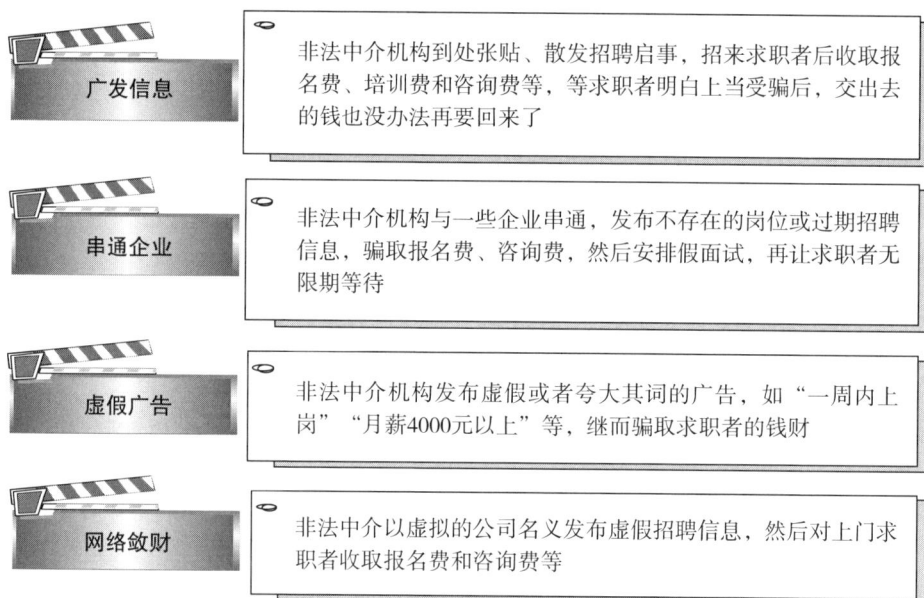

广发信息	非法中介机构到处张贴、散发招聘启事，招来求职者后收取报名费、培训费和咨询费等，等求职者明白上当受骗后，交出去的钱也没办法再要回来了
串通企业	非法中介机构与一些企业串通，发布不存在的岗位或过期招聘信息，骗取报名费、咨询费，然后安排假面试，再让求职者无限期等待
虚假广告	非法中介机构发布虚假或者夸大其词的广告，如"一周内上岗""月薪4000元以上"等，继而骗取求职者的钱财
网络敛财	非法中介以虚拟的公司名义发布虚假招聘信息，然后对上门求职者收取报名费和咨询费等

图1-2 非法中介行骗时的4种惯用伎俩

"小蘑菇"们要注意了，千万别上当，别让自己成了"悟空的压力、八戒的身材、老沙的发型、唐僧的絮絮叨叨"的讨厌鬼；再看看后面的案例，努力把自己练成"唐僧的颜值（有职业礼仪）、悟空的能力（眼光锐利）、八戒的胃口（能吃能扛）、沙僧的真诚（高忠诚度）"的俊贤吧。

1.2.4 智慧职场案例：求职陷阱与防范

案例一： 2017年从沈阳师范大学毕业的小吴，在一次招聘会上被一家儿童英语机构看中，招聘她为教育顾问，但入职后小吴实际上干的却是推销员的工作。招聘时写的工资是2000元以上，应聘后才知道基本工资就800元，其他的收入要靠卖教材提成，最终小吴辞去了这份工作。

案例二： 2018年从武汉大学毕业的小张，在一家职业中介所的信息栏上看到招聘人事专员的启事，便前去咨询。该中介所要求小张交纳100元中介费，并承诺如果这家公司不合适，可另外推荐别的公司，直到小张找到工作为止。两天后小张参加了该公司的面试，等了两个多星期后，却被告知未被录取。中介所让小张再等等，半年过去了，小张一直没有找到工作。当小张要求中介所退还中介费时，该中介所拒绝支付，并声称一直在努力帮小张找工作，已经付出了相应的努力，不会退还中介费。

上述两个案例是典型的虚假招聘陷阱和非法中介陷阱，应届大学毕业生在求职的过程中往往会碰到类似的陷阱。此时求职者需要具有较强的辨别能力和防范意识，并学会利用法律武器保护自己的合法权益。

应届大学毕业生就业陷阱，是指招聘单位或个人等利用大学生社会经验不足、自我保护意识差等弱势特点，以提供就业机会为诱饵，采用不合法的手段与大学生达成权利与义务不对等的各类就业意向，以期侵害应届大学毕业生合法权益的现象。

针对就业陷阱的典型特征：欺骗性、诱惑性、隐蔽性和违法性，应届大学毕业生求职期间务必注意安全防范，主要措施如表1-1所示。

表1-1 毕业生求职安全防范的4项措施

序号	安全措施	防范要点
1	心态务实，合理定位	在求职时，要抱着务实的心态，合理定位，积极主动地寻找适合自己的岗位，不等、不靠，不把所有的鸡蛋放到一个篮子里，多方出击，快速、高效地找到工作
2	虚假信息，果断拒绝	搜集招聘信息时，要对其加以筛选，排除那些"挂羊头卖狗肉"的虚假信息。一旦发现自己应聘的工作有和广告宣传不符的情况，一定要果断拒绝
3	识别正规的职介机构	即有营业执照和招工许可证原件，明码标价，公示劳动监察机关举报受理电话，收费时出具由税务部门监制的发票，服务人员持有职业资格证
4	谨慎签订就业协议	一定要仔细研究就业协议书及其补充协议中的条款，不要在协议书中留下空白条款，一定要慎防"无保障协议、死协议、卖身协议"等不平等协议

工具 3

面试题库：
知道问题，明确扣分项

对于一般应聘者来说，在选择过程中，企业一方占有更多的主动权。所以应聘者，尤其是没有多少职场经验的新人，应该提前了解更多关于如何应对面试及如何应答面试题等方面的内容。

面试题库是企业在选拔应聘者的过程中，尤其是面谈前针对不同岗位所提前准备好的面试问题。既有应聘所有岗位都会被问到的问题，比如"请自我介绍一下"，也有针对不同岗位或者应聘者个人不同经历设计的不同问题，比如"在你参与的研发项目中，你的定位是什么，你做了哪些工作"等。

一般情况下，根据面试考官的人数，面试可以分为个人面试和集体面试。从面试团队成员的组成来看，面试人员一般包括人力资源部招聘负责人、用人部门负责人、岗位直接主管或指定人员、企业HR咨询专家等。

面试分两个阶段进行，初次面试由人力资源部招聘负责人进行，复试由拟招聘岗位的直接主管、部门负责人和招聘负责人同时进行。对于一些高级岗位，还需要人力资源总监、用人部门负责人甚至主管副总、总经理面试，并做出集体决策。可见，企业人力资源部是面试的组织及管理部门，相关人员在正式开始面试之前要做很多沟通、协调、安排、跟进、检查、监督、执行等工作。所以，应聘者首先见到的是招聘专员、招聘经理，复试时才会和所选岗位的直接主管或用人部门负责人见面。也就是说，通过HR的初次面试是第一关，熟悉通用面试题、掌握面试评价的扣分项是关键。

1.3.1 各岗位通用的面试题

企业设计的面试题目，根据应聘岗位的不同有所差异，这里我们就不一一详述。以下是销售、行政、财务、管理等各岗位通用的面试题，如图1-3所示，供智慧职场的"小蘑菇"参考。

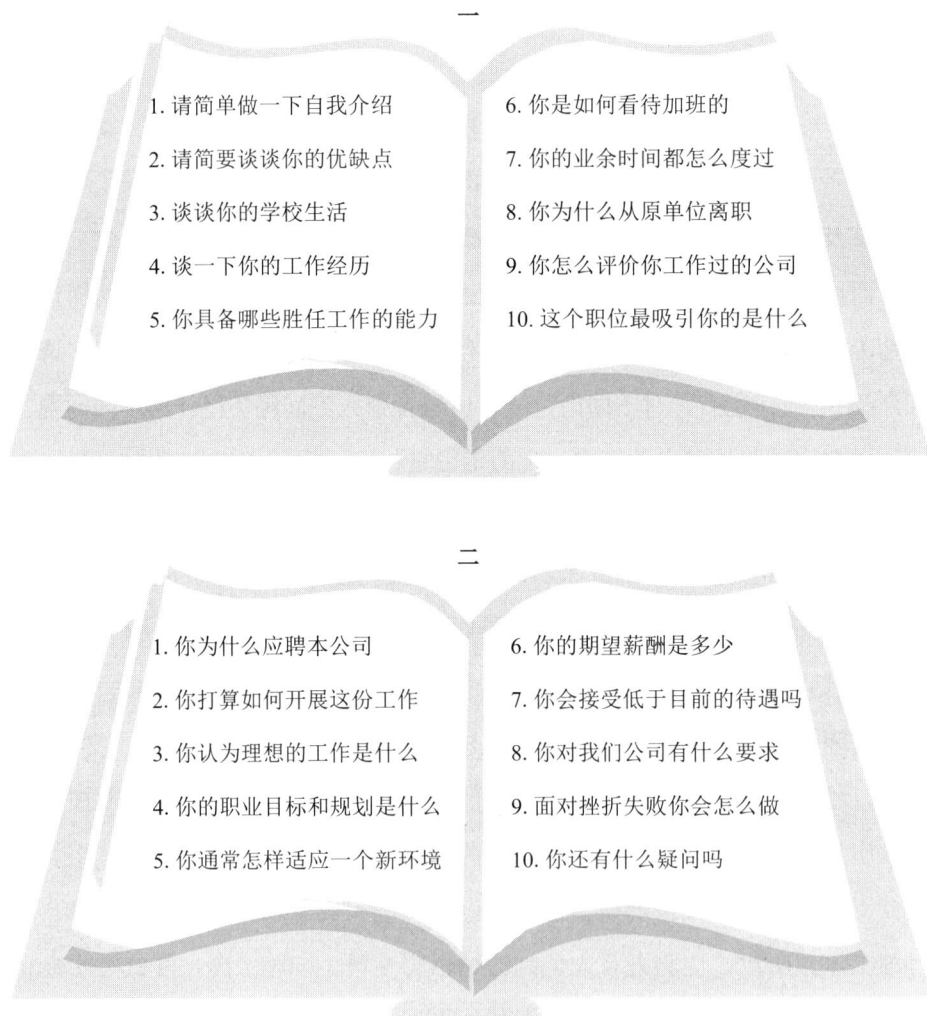

一

1. 请简单做一下自我介绍
2. 请简要谈谈你的优缺点
3. 谈谈你的学校生活
4. 谈一下你的工作经历
5. 你具备哪些胜任工作的能力

6. 你是如何看待加班的
7. 你的业余时间都怎么度过
8. 你为什么从原单位离职
9. 你怎么评价你工作过的公司
10. 这个职位最吸引你的是什么

二

1. 你为什么应聘本公司
2. 你打算如何开展这份工作
3. 你认为理想的工作是什么
4. 你的职业目标和规划是什么
5. 你通常怎样适应一个新环境

6. 你的期望薪酬是多少
7. 你会接受低于目前的待遇吗
8. 你对我们公司有什么要求
9. 面对挫折失败你会怎么做
10. 你还有什么疑问吗

图1-3 通用面试题

1.3.2　面试评价的得分和扣分项

面试考官在对应聘者进行面试（尤其是初次面试）时，一般会提问上节中列出的这些比较通用的问题。你可以根据表1-2中面试考官针对10种通用面试问题设定的评分标准或评价要点，提前做好充足的准备，尤其是"扣分项目"描述的情况，一定要在面试时避免。

表1-2　10种通用面试问题评价要点

序号	面试问题	评价要点	
		得分项目	扣分项目
1	请简单做一下自我介绍	☺ 简明扼要 ☺ 所学到的专业能力 ☺ 所取得的业绩成就 ☺ 胜任职位的关键能力	☹ 含糊不清，冗长啰唆 ☹ 完全照搬简历内容 ☹ 没有逻辑，层次混乱 ☹ 闭口不谈自己的胜任能力
2	你为什么应聘本公司	☺ 对行业的熟悉情况 ☺ 对公司的了解 ☺ 对职位的兴趣 ☺ 与自身情况吻合	☹ 对公司一无所知 ☹ 一味奉承应聘公司 ☹ 过于强调物质因素 ☹ 说些偶然、碰运气之类的话
3	你的职业目标和规划是什么	☺ 说明具体职业目标 ☺ 如何实现职业目标 ☺ 与应聘职位的吻合度 ☺ 如何调整以适应变化	☹ 无任何打算和规划 ☹ 说不切实际的大目标 ☹ 无具体的实施行为 ☹ 变来变去，无稳定性
4	谈谈你的学校生活	☺ 尽早规划和准备 ☺ 学业成就、学习心得 ☺ 在校园活动中得到的锻炼、收获 ☺ 与应聘职位密切相关	☹ 无规划，盲从他人 ☹ 流水账般叙述所学课程 ☹ 无重点、无突出内容 ☹ 与应聘职位毫不相干

序号	面试问题	评价要点	
		得分项目	扣分项目
5	谈一下你的工作经历	☺ 取得的主要工作业绩 ☺ 经过锻炼而获得的关键能力 ☺ 与应聘职位有一定关联 ☺ 如何看待应聘职位	☹ 对以前工作全盘否定 ☹ 对前任公司负面评价 ☹ 刻意掩饰职业空白期 ☹ 与应聘职位无关联
6	请简要谈谈你的优缺点	☺ 优点是否符合职位要求 ☺ 如何利用优点做好工作 ☺ 缺点是否是职位所忌讳的 ☺ 采取克服缺点的行为	☹ 自傲，过于夸大优点 ☹ 优点与职位要求不相干 ☹ 过于自谦，列出很多缺点 ☹ 具有的缺点是职位的忌讳之处
7	面对挫折失败你会怎么做	☺ 对挫折失败的认识 ☺ 面对失败的态度 ☺ 克服挫折的行为 ☺ 总结失败的教训	☹ 怨天尤人，萎靡不振 ☹ 尚未走出失败的阴影 ☹ 将失败完全归咎于他人 ☹ 不总结经验教训
8	你打算如何开展这份工作	☺ 认清工作职责和权限 ☺ 积极主动与他人沟通 ☺ 向同事讨教、学习 ☺ 工作之余自我充电	☹ 经验很丰富，无须适应 ☹ 工作后自然而然就能适应 ☹ 过于依赖同事的帮助 ☹ 一味强调学习理论知识
9	你的期望薪酬是多少	☺ 对自身价值的客观评估 ☺ 给出期望薪酬的区间范围 ☺ 更关注公司与自身的发展 ☺ 按照公司薪酬制度执行	☹ 过于自谦 ☹ 自高自大，要价高不可攀 ☹ 斤斤计较具体薪酬 ☹ 就钱论钱，不谈贡献
10	你还有什么疑问吗	☺ 对做好工作准备的提问 ☺ 对工作内容的提问 ☺ 对公司员工培训的提问 ☺ 详问HR简略提及的内容	☹ 没有问题可问 ☹ 对公司长期战略的提问 ☹ 再次提出薪酬待遇问题 ☹ 其他

🍄 加个任务

题目：搜集你想要应聘的岗位经常遇到的面试问题。

执行：比如销售、行政、财务、管理等各岗位针对性的专业面试题，以及职业素养、技能方面的面试题，提前练习，自圆其说，灵活应对。

工具 4

性格测试：
提升人岗匹配度

性格是指个人对现实的态度和习惯性行为方式中表现出来的较为稳定的心理特征。

性格是一个人行动的原始动力，是在个体生理素质基础上，结合社会实践活动而逐步形成和发展的个性特征。

性格是一个人区别于他人的最主要的标志，且它与职位之间存在着特定的匹配关系。如具有热情、活泼、开朗性格的人比较适合从事娱乐、服务等行业，具有内向、严谨性格的人比较适合从事会计、科研等行业。

选择某个行业、某家企业、某个部门或岗位，就是选择从事一辈子的事业，就是选择周一至周五每天8小时的工作。如果自己不喜欢这份工作，那岂不是很痛苦、很难受吗？为何不在找工作阶段就进行测试，在双向选择做出决策的时候就积累更多的决策依据呢？

1.4.1　性格类型测试表

如表1-3所示为性格类型测试表，请仔细阅读每一条项目，在你认为符合的项目前打上"√"。

表1-3　性格类型测试表

挑剔型
□ 1. 我宁愿同别人谈具体问题，也不愿意评论人
□ 2. 身边的人常常告诉我，说我自以为是
□ 3. 我认为多人集体做一件工作，大多数情况下会把事情搞糟
□ 4. 也许我该更多地休息，享受生活的乐趣
□ 5. 大发脾气时，我会向别人直言我对他们的看法
□ 6. 我不爱批评人，但看到别人把事情做错了，还是忍不住要提出来
□ 7. 我追求尽善尽美，容不得马虎草率
□ 8. 别人不严格按我的指示办事，我会气得脸色发白
□ 9. 我是个理智的人，不愿意让感情支配自己
□ 10. 事关我的理想时，我决不让步，即使情况对我不利也在所不惜
外向型
□ 1. 我更多地注意别人，而不是注意自己的目标
□ 2. 我不太重视向别人说出自己的内心感受
□ 3. 我常常给自己周围的人出主意
□ 4. 当我对别人深怀感激之情时，我很难让别人有选择的余地
□ 5. 我很会逗人乐
□ 6. 我不能眼看着任何人有痛苦，常常要出面帮助
□ 7. 我喜欢身边有许多人
□ 8. 我喜欢为别人着想
□ 9. 人们在心情沮丧时总喜欢来找我
□ 10. 我为别人做事常常多于别人为我做事

成功型
□ 1. 我不相信任何人，我事必躬亲
□ 2. 我懂得怎样表现自己
□ 3. 我常常将自己跟别人做比较
□ 4. 我说干就干，并且坚信十有八九能干成
□ 5. 我讲究实际，要求取得具体的成就
□ 6. 我的成就首先归功于我能给人留下好印象
□ 7. 我在大发脾气时会变得冷漠，不理睬人
□ 8. 我很少主动谈自己的私生活
□ 9. 我在陷入困境时能变换自己的策略
□ 10. 要是不做点什么事情显示自己的才干，我会感到别人瞧不起我

创造型
□ 1. 我花很多时间更好地了解自己
□ 2. 我善于描述自己的和别人的内心活动
□ 3. 我不在乎表现出自己的弱点
□ 4. 我一定要生活在富于美感的环境里，心情才会舒畅
□ 5. 我只喜欢同一两个人交谈，否则宁可独自待着
□ 6. 我绞尽脑汁想自己的问题，直到想出解决办法
□ 7. 我的钱首先用于做有趣的、从未经历过的事情
□ 8. 有时人们感到我是个贪图感官享受者
□ 9. 实际上我相当悲观
□ 10. 我很难告诉别人我多么器重他们

研究型
□ 1. 在做出反应以前，我先审慎地进行观察
□ 2. 我善于聚精会神地踏实工作
□ 3. 在由我自己决定进度和没有人催逼的情况下，我能以最大的效率工作

☐ 4. 迫不得已时我才克制住感情，考虑自己的想法
☐ 5. 有求于人时我很难启齿
☐ 6. 我对体育运动不感兴趣
☐ 7. 我不相信任何权威，不遵守任何准则
☐ 8. 看到别人对不愉快的事情熟视无睹，我会气得发疯
☐ 9. 我不在乎自己人缘关系是不是好
☐ 10. 确切地说我并不拘谨，有时候个性十分明显
合作型
☐ 1. 我相信我的朋友，他们也知道我相信他们
☐ 2. 我注意遵守纪律，深入细致地完成我的任务
☐ 3. 我喜欢集体工作
☐ 4. 在集体中我感到愉快
☐ 5. 有时我把自己身边的人撵走，虽然实际上我渴望接近他们
☐ 6. 别人认为我常常容易激动
☐ 7. 我害怕被人利用
☐ 8. 我注意观察周围的人，直到确认他们可以信赖为止
☐ 9. 遇到压力时我反应很强烈
☐ 10. 我总是问别人希望我做什么，而很难主动说自己能做什么

现在，请统计以上各类性格类型中打"√"的数量，分别记录下来。

一般的结果是，某性格类型打"√"的数量明显多于其他类型，这就是你的主性格类型。但是，也有可能其中两类甚至两类以上性格类型符合的数量相同，那么就说明你是混合型性格。

1.4.2 六种性格类型特点

性格一特点：挑剔型

1. 追求完美，有原则性，不易妥协，黑白分明，对自己和别人要求甚高。

2. 善于不断改进、优化，感情世界薄弱，爱劝勉教导，相信自己每天有干不完的事。

3. 事事高标准、严要求，对自己和他人都很苛刻，无论是对自己还是对身边的人，都很少称赞，无法宽容待人。

性格二特点：外向型

1. 渴望别人的爱或良好关系，甘愿迁就他人，喜欢别人需要自己的感觉，常忽略自我。

2. 爱报告事实，否认问题的存在，喜欢帮人，主动热情，慷慨大方。

3. 很多时候忽略自己的需要，满足别人的需要更重要，很少向别人提出请求，很多时候靠帮助别人去肯定自己。

性格三特点：成功型

1. 精力充沛，有很强的争胜欲望。

2. 追求成就，有强烈的好胜心，常与别人做比较。

3. 爱数说自己取得的成就，逃避失败，经常展望长远目标。

4. 喜欢接受挑战，会把自己的价值与成就连成一线。

5. 以成就衡量自己的价值高低，着重形象，工作狂，惧怕表达内心的真实感受。

6. 全心全意去追求一个目标，倾向于把自己看作是伟大、重要、不可或缺的人物。

性格四特点：创造型

1. 追求特立独行，渴望与众不同。

2. 想象力丰富，常会沉醉于自己的想象世界里。

3. 比较情绪化，追求浪漫，惧怕被人拒绝，觉得别人不明白自己。

4. 有强烈的占有欲，我行我素，爱讲不开心的事，易忧郁、妒忌、多愁善感。

5. 生活追求个人感受，不乐意只为柴米油盐酱醋茶而工作。

性格五特点：研究型

1. 是个观察者，追求知识，擅长钻研。

2. 冷眼看世界，抽离情感，喜欢理性思考与多元分析。

3. 常常观察身边的人与事，却很少参与，好辩，很执着。

4. 爱观察、批评，把自己抽离，每天有看不完的书。

5. 总是跟身边的人和事保持一段距离，需要充分的私人空间。

6. 知识丰富但缺乏行动力，对物质生活要求不高但追求精神生活，不善于表达内心感受。

性格六特点：合作型

1. 喜欢和平讨论，惧怕权威，害怕挑战，逃避问题。

2. 为别人做事尽心尽力，不喜欢受人注视，安于现状，较难适应新环境。

3. 追求忠心，缺乏安全感，做事小心谨慎，不轻易相信别人，多疑虑，喜欢群体生活。

4. 忠心尽责，追求职业安全感，凡事都会做最坏的打算，为人较悲观，易逃避，对很多事情都比较忧虑。

1.4.3 六种性格与职业参考

不同的性格适合不同的工作，无论是个人选择职业还是企业分配新员工岗位，性格类型划分都可以作为参考。性格类型与职业的关系如表1-4所示。用它来重新审视一下，选择最适合发挥自己专长和潜力的职业吧！

表1-4 性格类型与职业参考

性格类型	职业行为的体现	职业参考
挑剔型	• 工作态度严谨，不喜欢别人工作态度随便，原则性强 • 对自己要求很高，挑剔自己，也挑剔别人 • 不喜欢粗心，注重细节，事情无论大小都要插手 • 做任何事情必有自己的计划，不会盲目没主见，不会跟随别人的想法，做事有理性、有条理	• 流水线的监督人员 • 生产部门的管理者 • 生产部门的质量监督员 • 技术部门、财务部门的中层管理者
外向型	• 热情主动，乐于助人，普遍乐观 • 善于帮助团队建立更紧密的关系 • 能够赞赏他人的才能，擅长与人交际 • 对别人的需求很敏感，总是试图满足他人的需要，并且给予对方真正需要的事物	• 销售人员 • 行政部门职员或经理、总经理秘书或助理 • 生产、技术、财务部门的基层管理人员 • 商场、酒店等直接与客人打交道的工作人员 • 客户服务部职员、售后服务人员
成功型	• 做事讲究效率，总能争取时间、空间使自己成功 • 知道如何按照顾客的期望更有效率地完成工作 • 有谋略，目光长远，有力量、有冲劲去克服困难 • 很清楚自己想要做什么，并有能力做好，独断 • 奋力追求成功，适应力强，有野心，干劲大	• 销售部门经理 • 宣传部门经理 • 新项目开发负责人 • 生产、财务或技术部门经理

性格类型	职业行为的体现	职业参考
创造型	• 在对创意产品标准的追求上，不会妥协 • 性情中人，情绪变化无常，才艺广泛，冲动且精力分散，能够同时进行多个工作，但不能坚持 • 容易接受新的经验、新的人群和新的点子，富有创意 • 不喜欢没有创造力的工作，喜欢将直觉力带到工作中	• 技术开发人员 • 创意人员 • 外交、公关之类的工作人员 • 企业专项活动策划者
研究型	• 观察敏锐，好争论，求知欲强，敢于创新 • 希望事先知道公司对个人的期望或要求 • 热爱知识，有很强的分析能力，钟情探索与发现	• 专家或顾问 • 研发人员 • 技术开发人员 • 规划设计人员
合作型	• 不喜欢面对危机，希望大家意见一致 • 为别人做事尽心尽力，勤奋可靠，安于现状 • 包容他人，为人谦卑，总试图建立和谐、稳定的关系 • 避免自己做决定，喜欢同权威人士或大部分人的意见保持一致，对自己担负的事务守职尽责	• 生产或技术部门的基层人员 • 行政管理人员 • 人力资源管理人员

工具 5

入职通关卡：
不怕背景调查，做好职业定位

新员工进入一家企业，由于面临的是新环境和陌生的人际关系，会在刚开始的工作中表现得不知所措，也会不可避免地出现一些小失误。一般来讲，新员工刚入职时，会面临一些问题，如图1-4所示。

1
面对众多的陌生面孔，工作中也不知道该找哪些人员办理相关事项

2
对自己能否做好新工作感到忐忑不安，害怕工作中出现任何意外或差错

3
陌生的环境让自己分心，无法集中精力做好本职工作，总感觉有些力不从心

4
对公司的各项规章制度、管理规定不甚熟悉，不知道什么该做、什么不该做

5
本想做好新工作，也确信自己有能力做好，但各种各样的小错误总是不断出现

6
害怕工作中出现的任何困难，做事推卸、怕犯错误、不敢担负责任

7
……

图1-4 新员工入职面临的问题

1.5.1 新员工如何应对企业背景调查

企业在做新员工入职前的背景调查时,调查的项目及采取的途径如表1-5所示。你提前准备好如何应对了吗?

表1-5 企业进行员工背景调查的项目及途径

调查项目	调查途径
考察简历的真伪	根据拟录用人员个人的回答判断简历各项内容的真实性
毕业证书、学位证书是否造假	通过中国高等教育学生信息网查询
职称、职业任职资格等证书是否造假	通过相关考试培训认证机构或网络查询
工作经历是否属实	向拟录用人员的原单位查询
是否与前用人单位解除劳动关系	要求拟录用人员提供离职证明书
是否签有竞业限制协议并在期限内	向拟录用人员的原单位查询
职业道德如何,是否有职务犯罪记录	向拟录用人员的原单位调查(尤其向经理级以上及其他重要职位的原同事调查)
离职的真实原因	根据拟录用人员的回答向其原单位查询,判断两者的一致性

1.5.2　角色定位打造高配职场人生

角色定位（Role Definition）是指在一定系统环境下，对在一个组织中拥有相对不可替代性的位置，并在这一位置上发挥特定作用的人员或者团队进行岗位特性和职能特点的分析和定义。

角色定位不等于专业定位，专业定位只是角色定位的初级阶段。比如刚刚毕业的大学生具有某一专业素质，但不等于其一进入某家公司就可以担当某个部门的某一个独立角色。同时，角色还是与时俱进的，30年前的专业计算人员（会计/统计）能够熟练使用算盘，但今天如果不懂操作电脑，就要失业。

大学毕业生初入职场，企业提供的大多数为实习生、管理储备生、助理、专员等岗位。以企业人力资源部的HR专员岗位为例：针对HR专员的角色定位，主要围绕其决策角色、职业角色、业绩角色、心理角色和形象角色5个方面进行确认。关于HR专员的角色定位图解如图1-5所示。

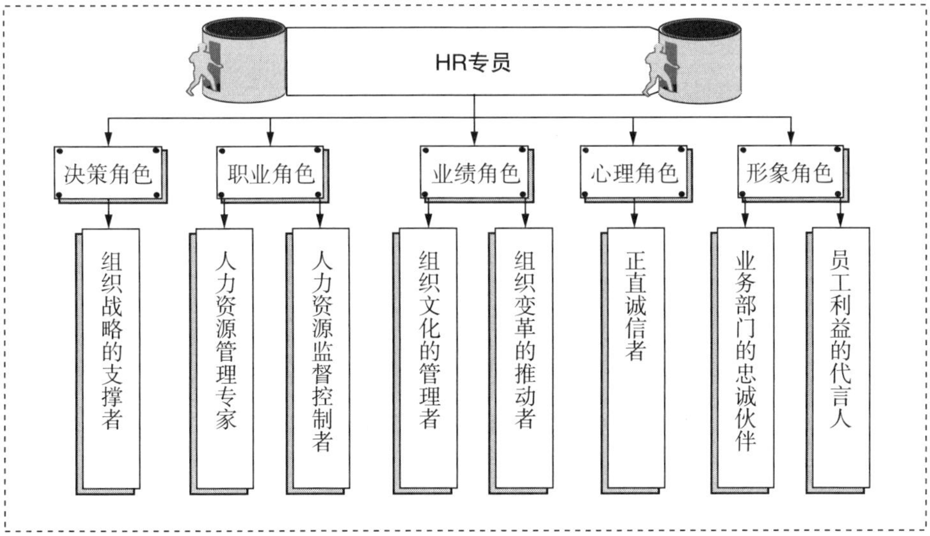

图1-5　HR专员的角色定位图解

1.5.3 智慧职场案例：HR专员角色定位

"在其位，谋其政，尽其责"，可见某个岗位角色定位之后，就需要明确该岗位的具体要求，进行岗位与职责的匹配，以便明确自己什么地方做得已经足够优秀，什么地方必须加强锻炼，什么地方做好了会得到奖励，什么地方做不好会受到处罚。

这里以HR专员岗位为例进行分析，其他岗位可以参考。

HR专员岗位包括4项要求，分别为任职要求、能力要求、任务要求和工作要求，必须满足人岗匹配的标准。

HR专员任职要求

HR专员的任职资格要求一般包括教育背景、培训经历、工作经验、工作技能及工作态度等若干方面。HR专员的任职要求说明如表1-6所示。

表1-6　HR专员的任职要求

序号	项目	具体任职要求
1	教育背景	一般是人力资源管理、劳动经济学、心理学、管理学等相关专业本科以上学历
2	培训经历	接受过人力资源管理技术、劳动法律法规、合同法、管理技能开发等方面的培训
3	工作经验	根据企业实际情况，具有若干年限的人力资源管理工作经验
4	工作技能	HR专员的工作技能要求，一般包括以下5个方面： • 有人力资源项目规划和实施经验 • 熟悉国家相关法律法规 • 熟悉人力资源管理各项实务的操作流程 • 拥有扎实的人力资源管理理论基础 • 熟练使用相关办公软件
5	工作态度	• 办事沉稳、细致，思维活跃，有创新精神和良好的团队合作意识 • 具备优秀的品行和职业素质，强烈的敬业精神与责任感，工作原则性强

HR专员能力要求

HR专员的能力要求主要包括20个方面，如表1-7所示。

表1-7　HR专员的能力要求

序号	具体能力要求	序号	具体能力要求
1	熟悉现代人力资源管理工作与流程	11	思维敏捷
2	熟知人力资源相关法规政策	12	形象气质良好
3	沟通能力良好	13	能够协助上级做好人力资源各项规范管理工作
4	组织协调能力较强	14	能够做好行政办公室的日常工作
5	具有良好的团队协作能力和团队意识	15	具有较强的统计分析能力
6	具有较好的书面（文案）表达能力	16	具有一定的培训经验
7	语言表达能力较强	17	能够承受工作压力
8	领悟能力较强	18	学习能力强
9	拥有高度的责任心	19	识人能力强
10	工作认真负责	20	工作有耐心

HR专员任务要求

HR专员的任务要求主要包括8个方面，如表1-8所示。

表1-8　HR专员的任务要求

序号	具体任务要求
1	协助上级掌握人力资源状况
2	管理劳动合同，办理用工、退工手续及员工的工资和考勤结算
3	填制和分析各类人事统计报表
4	拟订公司规章制度、招聘制度草案
5	帮助建立积极的员工关系，协调员工与管理层的关系，组织策划员工的各类活动
6	协助上级推行公司各类规章制度的实施
7	协助上级完成对员工的年度考核
8	管理争端解决程序

HR专员工作要求

HR专员的工作要求主要包括9个方面，如表1-9所示。

表1-9　HR专员的工作要求

序号	具体工作要求
1	根据公司的业务发展目标，制订人力资源规划，采取多种方式拓展人员招聘渠道，规范招聘流程，参与对关键岗位应聘人员的面试筛选，提高招聘质量，降低招聘费用，确保公司的人力资源存量满足业务发展需要
2	根据业务发展需要，制订并组织实施员工培训计划，组织技能考核鉴定，监督培训效果评估，合理控制培训费用，确保员工的培训覆盖率及培训满意度达到公司要求，提升公司的人力资源质量
3	根据公司的业务导向，制订绩效考核管理制度，落实考核指标并监督执行，统计考评结果，管理考评文件，做好考评后的绩效改进、沟通及不合格员工的辞退工作
4	根据绩效与工资挂钩的规定，协助业务主管审核各职能部门的奖金或提成分配方案
5	跟踪业界薪酬水平，结合国家福利政策，制订具有激励性的薪酬福利制度及方案，审核员工每月的工资数据，监督员工社会保障福利的发放，以及各项社会保险的申报与缴纳
6	依据公司的用人规定，负责员工劳动合同的签订和管理工作
7	受理员工投诉，代表公司处理劳动争议、纠纷或进行劳动诉讼，确保建立和谐的劳动关系，维护公司良好的企业形象
8	管理各部门人员的日常考勤，协调相关员工的排班、休息日等
9	其他人事日常工作

🍄 加个任务

问题：你想要找什么样的工作？什么行业什么岗位？或者已经明确锁定哪个岗位？

执行：参照以上企业人力资源部HR专员岗位的"任职要求""能力要求""任务要求""工作要求"的表格和内容示例，也用4个表格或图形写出你选择的岗位的相关要求，看看自己符合多少又能完成多少。

工具 6

水平比较法：
我比别人强多少

水平比较法（Benchmarking）又称标杆法，是一种连续质量改进的管理方法或有效的管理艺术，通过比较分析，尤其是对同类工程和管理过程的最佳状况比较分析，进行连续不断的全面质量改进。

同理，智慧职场的新人应该把工作当作事业来做，应该像经营一家企业一样经营自己的品牌。在最初入职的几年甚至在整个职业生涯中，应该像企业运作一样，全方位、多角度与竞争对手和身边优秀的职场前辈比较，补短板，继续加长板，进行超越。

当然，职场新人在面试阶段或者试用期阶段，就应该展现自己的亮点，以便顺利拿到Offer，顺利转正。最起码要做到如果没有继续合作，那也不是公司不要你，而是你选择了更好的或者说更适合自己的其他平台。

公司/个人的水平比较法主要有4种类型，如图1-6所示。

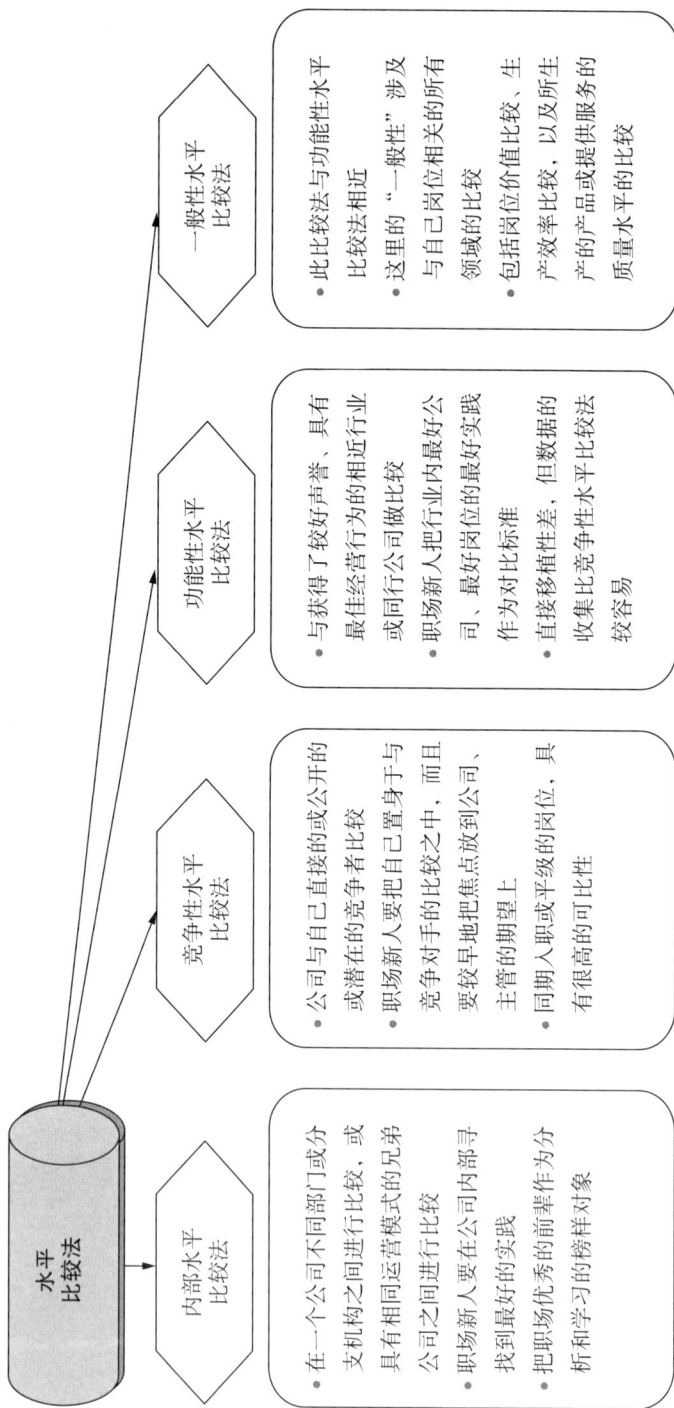

图1-6 公司/个人的水平比较法的4种类型

水平比较法

内部水平比较法
- 在一个公司不同部门或分支机构之间进行比较，或具有相同运营模式的兄弟公司之间进行比较
- 职场新人要在公司内部找到最好的实践
- 把职场优秀的前辈作为分析和学习的榜样作对象

竞争性水平比较法
- 公司与自己直接的或公开的或潜在的竞争者各比较
- 职场新人要把自己置身于与竞争对手的比较之中，而且要较早地把焦点放到公司、主管的期望上
- 同期入职或平级的岗位，具有很高的可比性

功能性水平比较法
- 与获得了较好声誉、具有最佳经营行为的相近行业或公司做比较
- 职场新人把行业内最好公司、最好岗位的最佳实践作为对比标准
- 直接移植性差，但数据的收集比竞争性水平比较法较容易

一般性水平比较法
- 此比较法与功能性水平比较法相近
- 这里的"一般性"涉及与自己岗位相关的所有领域的比较
- 包括岗位价值比较、生产效率比较，以及所提供的产品或提供服务的质量水平的比较

1.6.1　水平比较法的内容模型

水平比较法是企业/个人连续全面质量改进的方法论，是一门改进艺术，是针对同行中具有领先地位的公司或自己的竞争对手，展开测量产品、服务实践的连续过程。

水平比较法主要包括以下3个方面的内容，如图1-7所示，可以供职场新人参考，看一看你所生产的产品、你所提供的服务还有哪些可以改进或提升的地方。

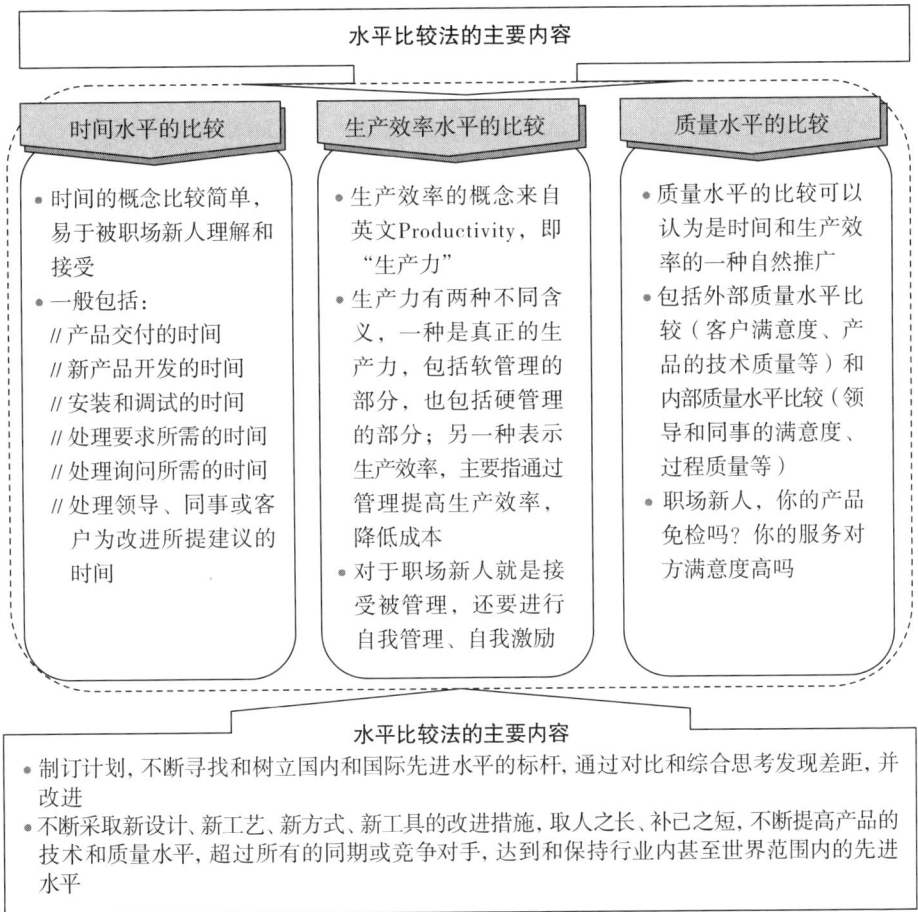

水平比较法的主要内容

时间水平的比较	生产效率水平的比较	质量水平的比较

• 时间的概念比较简单，易于被职场新人理解和接受
• 一般包括：
　// 产品交付的时间
　// 新产品开发的时间
　// 安装和调试的时间
　// 处理要求所需的时间
　// 处理询问所需的时间
　// 处理领导、同事或客户为改进所提建议的时间
	• 生产效率的概念来自英文Productivity，即"生产力"
	• 生产力有两种不同含义，一种是真正的生产力，包括软管理的部分，也包括硬管理的部分；另一种表示生产效率，主要指通过管理提高生产效率，降低成本
	• 对于职场新人就是接受被管理，还要进行自我管理、自我激励
		• 质量水平的比较可以认为是时间和生产效率的一种自然推广
		• 包括外部质量水平比较（客户满意度、产品的技术质量等）和内部质量水平比较（领导和同事的满意度、过程质量等）
		• 职场新人，你的产品免检吗？你的服务对方满意度高吗

水平比较法的主要内容

• 制订计划，不断寻找和树立国内和国际先进水平的标杆，通过对比和综合思考发现差距，并改进
• 不断采取新设计、新工艺、新方式、新工具的改进措施，取人之长、补己之短，不断提高产品的技术和质量水平，超过所有的同期或竞争对手，达到和保持行业内甚至世界范围内的先进水平

图1-7　水平比较的主要内容

1.6.2 水平比较法实施的4个阶段

水平比较法这个工具的运用不是一蹴而就的，要经过一次一次的实践、参照、对比、改进、提升。水平比较法的实施主要包括4个阶段，如图1-8所示。

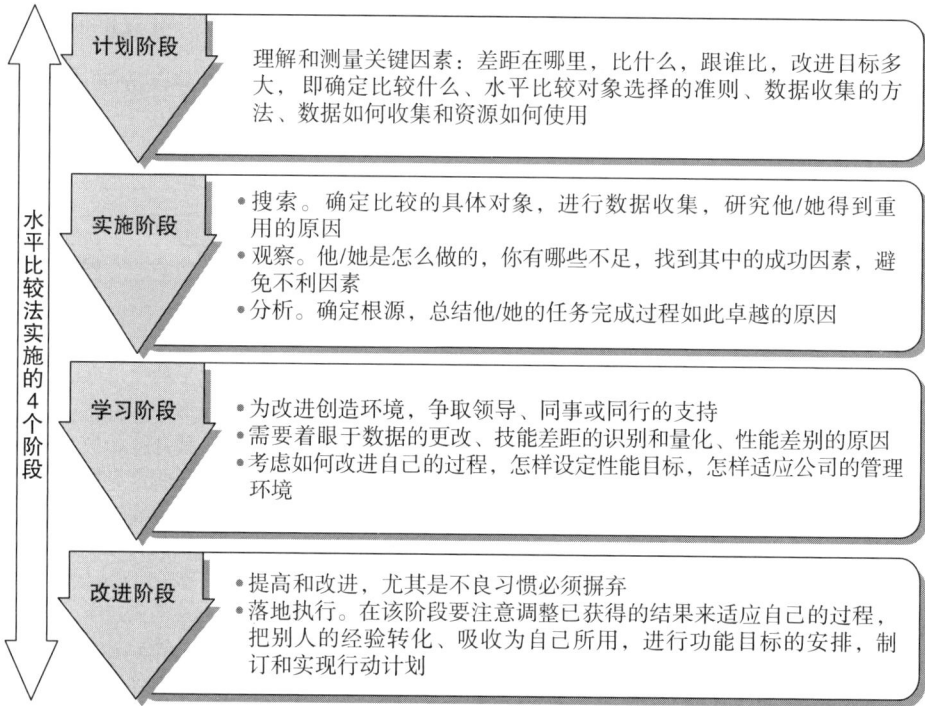

图1-8 水平比较法实施的4个阶段

综上，如果这些对比都属于硬性的要求、普遍的流程，或者说是可以对照岗位职责、产品设计图、服务标准进行的，那么对于工作态度、工作能力，若领导、主管或者同事不及时给予反馈，职场新人是根本察觉不到的。所以，工作态度如何、工作能力有无长进，可以按照企业对职场新人的要求标准进行自评，主动自改。

1.6.3 工作态度自评量表

在工作态度方面，企业比较看重纪律性、主动性、合作性、责任感和业务准则。如表1-10所示的工作态度自评量表可供职场新人自评时参考。

表1-10 工作态度自评量表

被评估人		岗位			部门				
评估人		职务			部门				
评估周期	_____年_____月_____日至_____年_____月_____日								
评估项目	评价要点			评价尺度					
			优	良	好	中	差		
纪律性	言行、着装得体，严格遵守公司各项规章制度								
	全月出勤率能达到100%								
主动性	自觉、主动地完成本职工作								
	执行任务有一定的使命感，能主动思考问题，并立即行动								
合作性	具有全局意识，能主动地与他人合作以寻求更高的工作效率								
	对需要本岗位支持的其他同事的工作给予积极配合，并与其不断沟通，密切合作								
责任感	工作细致严谨，恪守职责								
	忠于职守，不以忙碌为借口，执行任务没有形式上的观念或惰性心态								
业务准则	严格遵守公司的业务规范，严格执行工作程序								
	合理使用公司提供的资源并做到合理控制								
考核得分计算公式	每项满分20分，共100分。"优"代表20分，"良"代表16分，"好"代表14分，"中"代表12分，"差"代表10分 得分计算公式如下： 考核评价得分＝优的个数×20分＋良的个数×16分＋好的个数×14分＋中的个数×12分＋差的个数×10分								
考核得分计算	优的个数_____，良的个数_____，好的个数_____，中的个数_____，差的个数_____ 考核评价得分＝								
点评反思									
被考核人签字		日期		考核人签字			日期		

1.6.4 工作能力自评量表

工作能力方面，企业主要从组织协调能力、语言表达能力、创新能力和计划能力来考量。如表1-11所示的工作能力自评量表可供职场新人自评时参考。

表1-11 工作能力自评量表

被评估人姓名		职务		评估人姓名		职务	
评估周期							
评估项目	评估等级标准及得分标准						得分
组织协调能力	工作杂乱无章，下属之间不能很好地协作					差：5	
	能对一线工人进行简单的任务分配和协调					一般：10	
	能分配和协调复杂工作，并取得他人的支持与配合					好：15	
	能很好地安排和协调周围的资源并领导他人有效开展工作					良：20	
	合理、有效地安排、协调周围资源，并得到他人的信任和尊重					优秀：25	
语言表达能力	语言含糊不清，表达的意思不清楚					差：5	
	能较清晰、流利地表达自己的观点或意见，但过于刻板、生硬					一般：10	
	掌握一定的说话技巧，个人意见或建议能得到认可					好：15	
	能有效地与他人沟通交流，并有一定的说服力					良：20	
	语言清晰、幽默，具有出色的谈话技巧					优秀：25	
创新能力	没有创新精神，工作易因循守旧					差：5	
	工作中有一定的创新和督导的见解					一般：10	
	能开动脑筋对工作进行改进，但取得的成就较小					好：15	
	借鉴他人经验改进工作或创新，并取得一定成绩					良：20	
	善于思考，提出新点子、新想法，对提高企业经营效益做出贡献					优秀：25	

	没有计划，想到什么做什么，且经常造成工作延误	差：5	
计划能力	有一点计划，随意性较强，本职工作基本能完成	一般：10	
	计划性一般，但工作总能很好地完成	好：15	
	计划性较强，偶尔会有计划执行不到位的现象	良：20	
	计划性很强，且总能将工作在计划的时间内完成	优秀：25	
得分	考评得分＝客户评分＿＿＿＿×10%+同事评分＿＿＿＿×10%+自评评分＿＿＿＿×20%+领导评分＿＿＿＿×60%		
被考核人签字		日期		考核人签字		日期	

02

第 **2** 章

未雨绸缪：
干得好，记得好，说得好

《礼记·中庸》有言："凡事预则立，不预则废。"这句话是说，不论做什么事，事先有准备，就能得到成功，不然就会失败。无独有偶，荀悦曰："先其未然谓之防，发而止之谓之救，行而责之谓之戒。防为上，救次之，戒为下。"

居安要思危，出自《左传》："居安思危，思则有备，有备无患。""安不忘危，预防为主。"也就是说，防微且杜渐，未雨也绸缪，亡羊须补牢，有备才无患。

刘翔的背心上写着："用速度说话"。用速度说话，其实就是用实力说话。但这并不意味着职场新人就要像运动员一样，只需要干，不用说。相反，在当下这个新媒体辈出的信息时代，干得好更要说得好。当然说得好不是夸大其词，不是造假，而是提前准备，真的干了，也记录翔实了，这非常重要。

就像那些技艺精湛的运动员一样，他们不仅成绩卓著，而且多半也有好口才。因为，能言善辩，你干的事才能表达清楚，媒体才有料可以写、有干货可以曝，人们才会记住你。

当然，能够拥有如姚明、刘翔般内外兼修、锦心绣口的才能，是职场新人的追求。但是，作为企业老板、主管领导，最害怕的就是职场新人说套话，所谓"我会尽力拼""我会调整好心态""我会摆正位置"等，谁会愿意听呢？

新人遇到的问题	智慧解决工具
学校待了4年还"万事俱备，只欠东风"	工具7：墨菲定律+海因里希法则
初入职场什么事都感到新鲜，但却看不太懂	工具8：5Why分析法（漏斗模型）
遇到问题不知道真正的原因或内幕	工具9：鱼骨图
每天感觉都很紧张、很累，但又说不清干了什么	工具10：工作日志法
有问题不知道问谁，又不敢敲领导办公室的门	工具11：工作汇报技术
职场遇贵人很难，又找不到标杆或榜样	工具12：趋势外推法

工具7

墨菲定律+海因里希法则：
初入职场，做到有备无患

经常在微博上看到有人吐槽：

"墨菲定律，怕什么来什么！刚想到我后桌那个老男人有些像他，今天还就要去见他了，而且后桌那个人竟然还主动找我说一起去。"

"不得不说墨菲定律是个神奇的东西。当我望着桌子上的钥匙，心里想着：'出去可别忘拿钥匙'的时候，就已经注定了早早来实验室的我，只做了一张PPT就把自己锁在门外了。"

"可能对于程序员来说，墨菲定律就是绝对定律，可能发生的BUG一定会出现。"

…………

所以有人说，"如果做某项工作有多种方法，而其中有一种方法将导致事故，那么一定会有人按这种方法去做。"还有人说，"我带过的职场新人太多了，你能想象到的、不能想象到的错误，他们在工作过程中都犯过，无一遗漏，甚至变本加厉！"你会相信吗？我相信，因为这是爱德华·墨菲经历过的，也是很多人亲身经历过的。

那么，我们先从墨菲定律和与之观点相近的海因里希法则说起吧。

2.7.1 墨菲定律

墨菲定律是美国工程师爱德华·墨菲做出的著名论断。其主要内容是：事情如果有变坏的可能，不管这种可能性有多小，它总会发生。

墨菲定律并不是一种强调人为错误的概率性定理，而是阐述了一种偶然中的必然性。墨菲定律告诉我们，容易犯错误是人类与生俱来的弱点，不论科技多发达，事故都会发生。我们解决问题的手段越高明，面临的麻烦就越严重。越是担心某种情况发生，那么它发生的可能性就越大。在事前应尽可能想得周到、全面，发生错误后要勇敢面对，善于总结。

墨菲定律对于职场新人的安全观有重要启示。首先，警示是先决条件，安全的实质内核是预防。其次，警示有利于增强安全意识。职场新人不仅要重视发生频率高、危险性大的事件，而且要重视小概率事件，消除麻痹思想，克服侥幸心理。最后，变被动安全管理为主动安全管理。

所以，智慧职场也需要运用墨菲定律，提倡变事后管理为事前与事后管理相结合，职场新人要牢牢掌握工作主动权，把一切可能影响任务完成的可能性，即使是看似极小的障碍或问题、不良习惯或嬉戏打闹等行为，都及时阻止，将其消灭在萌芽状态。

2.7.2　海因里希法则

海因里希法则（Heinrich's Law），又称为"海因里希安全法则""海因里希事故法则"或"海因法则"，是美国著名安全工程师海因里希（Herbert William Heinrich）提出的，即300：29：1法则，如图2-1所示。

这个法则表明，当一家企业有300个隐患或违章，必然要发生29起轻伤事故或故障，在这29起轻伤事故或故障当中，肯定会有1起重伤、死亡或重大事故。

图2-1　海因里希法则的300：29：1

这个统计规律说明了在同一项活动中，无数次意外事件必然导致重大伤亡事故的发生。而要防止重大事故的发生，必须减少和消除无伤害事故，要重视事故的苗头和未遂事故。

海因里希认为，人的不安全行为、物的不安全状态是导致事故发生的直接原因。海因里希的研究说明大多数的工业伤害事故是由于工人的不安全行为引起的。即使一些工业伤害事故源于物的不安全状态，但物的不安全状态的产生也是由于工人的缺点、错误造成的。

从这种认识出发，海因里希进一步追究事故发生的根本原因，认为人的缺点来源于遗传因素和人员成长的社会环境。

同样，智慧职场也需要运用海因里希法则，勿以恶小而为之，勿以善小而不为，注重工作细节、成果质量、用户反馈，确保自己做出的都是免检产品。

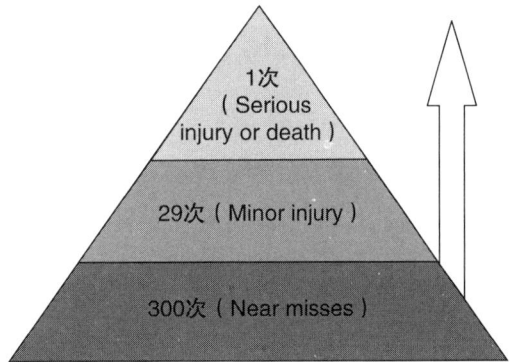

2.7.3 智慧职场案例：墨菲定律应用

案例一： 你正在撰写一篇很重要的汇报材料，千辛万苦，终于接近尾声。这时，你突然发现还没有点击"保存"按钮，脑中立刻闪过一个念头：这会儿电脑可千万不能断电呀！结果令人崩溃！就在这一刹那，电脑真的断电了！即使现在办公楼很少会出现突然断电的情况，但这种情况还是不止一次地发生在我们担心的那一刻。

案例二： 你将要进行一场重要的商务谈判，感觉自己已经准备得很充分了，掌握了对方的所有信息，包括对方几位谈判代表的资料。你只希望他们不要派出其中的一位，因为她实力很强，很难搞定。经过多渠道了解，你得知她正在休产假，你认为她不会参加此次谈判，所以临行前就放心了。但是，当你打开会议室的大门，却发现她就坐在那里……

墨菲定律告诉我们，在工作或者生活中，我们会不断遇到挫折、出现错误、造成损失，这是偶然当中的必然现象。那么，在智慧职场中，我们应该如何尽可能地规避风险，减少损失呢？墨菲定律五大启示如图2-2所示。

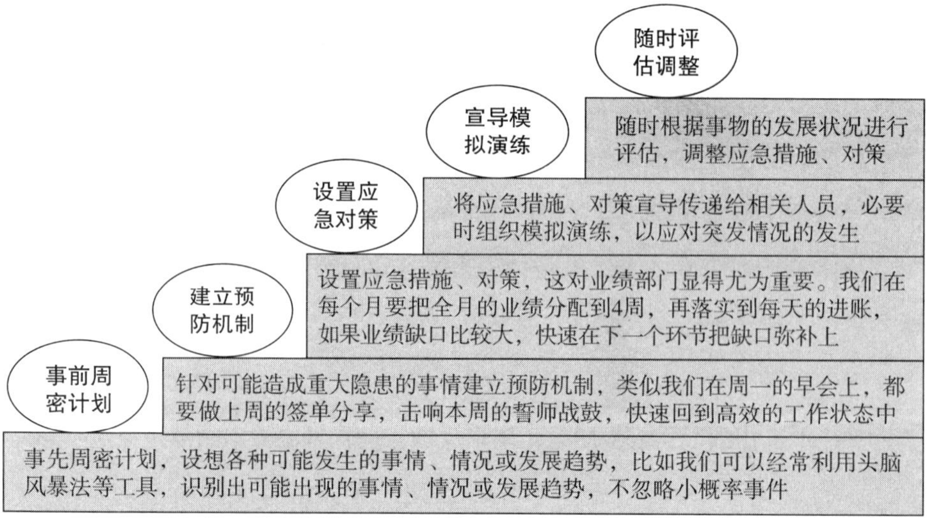

图2-2 墨菲定律给智慧职场的五大启示

2.7.4　智慧职场案例：海因里希法则应用

在工作实践中，对于不同的生产过程、不同类型的事故，海因里希法则的300：29：1的比例关系不一定完全相同，但这个统计规律说明了在进行同一项活动时，无数次意外事件必然导致重大伤亡事故的发生。

海因里希法则也说明，要防止重大事故的发生必须减少和消除无伤害事故，要重视事故的苗头和未遂事故，否则终会酿成大祸。

这里有一个机械师死亡的案例，讲的是某机械师在工作流程中，需要用手把皮带挂到正在旋转的皮带轮上，但是由于他没有按照操作规程执行而导致死亡。

那个机械师既未使用拨皮带的杆，又站在摇晃的梯板上，穿的还是宽松的长袖工作服，结果可想而知，他被皮带轮绞入碾死。

事故调查结果表明，像他这种上皮带的方法已使用数年之久。再通过查阅他个人四年以来的救护日志（即急救上药记录），发现他有33次手臂擦伤后做治疗处理的记录，而且他还很为手下的工人佩服他手段高明而沾沾自喜。

这一事例说明，重伤和死亡事故虽有偶然性，但是不安全因素或动作在事故发生之前已暴露过许多次，如果在事故发生之前抓住时机，及时消除不安全因素，许多重大伤亡事故是完全可以避免的。

作为刚刚踏入智慧职场的新人，一定要做到5个要点。

1. 要参加企业组织的新员工入职培训，尤其是参加上岗前的3级安全教育，做到应知、应会，熟悉工作实例。

2. 在办公室或工作场所、厂区、车间、机械设备旁，不嬉戏打闹，养成良好的工作习惯。

3. 在执行任务时，不懂不要装懂，不会不要装会，要严格按照作业指导书进行规范操作。

4. 做什么工作都不要急于求成，不要走所谓的捷径，要熟能生巧。

5. 不要做"差不多"先生、"无所谓"女士，要有认真、严谨、求实的态度。

工具 8

5Why分析法：
从现象到根源标本兼治

5Why，即5个为什么分析法，是一种问题诊断方法，即通过对某一种现象不断追问"为什么"来识别和说明其中的因果关系，直到无法找到更深入的原因或直到一个新的故障模式被发现时才停止提问。

5Why分析法注重从事实、根本的角度进行原因探索，如表2-1所示。

表2-1 5Why分析法内容分析表

内容	说明
分析目的	5Why分析法要永久性解决问题，应尽可能寻找出导致问题产生的根本原因，因此该方法以寻找问题的根本原因为分析目的
分析基础	该方法要求使用者在事实的基础上对问题进行分析，而非以假设、猜测为分析的基础
分析思路	该方法主要通过充分了解问题的具体表现、相关设备、部件等方面进行原因分析，而非使用个人感觉、经验分析问题
输出结果	该方法作为一种原因探究工具，通过分析过程最终输出各类可能的原因，而非直接提供问题的解决对策

5Why分析法主要适用于三种情形：对质量故障现状进行客观描述时；寻找导致质量问题产生的原因时；为制订质量问题纠正方案而进行信息收集时。

2.8.1 5Why漏斗模型

5Why分析法以层层递进的形式，从现象到根源对问题进行剖析，如图2-3所示。

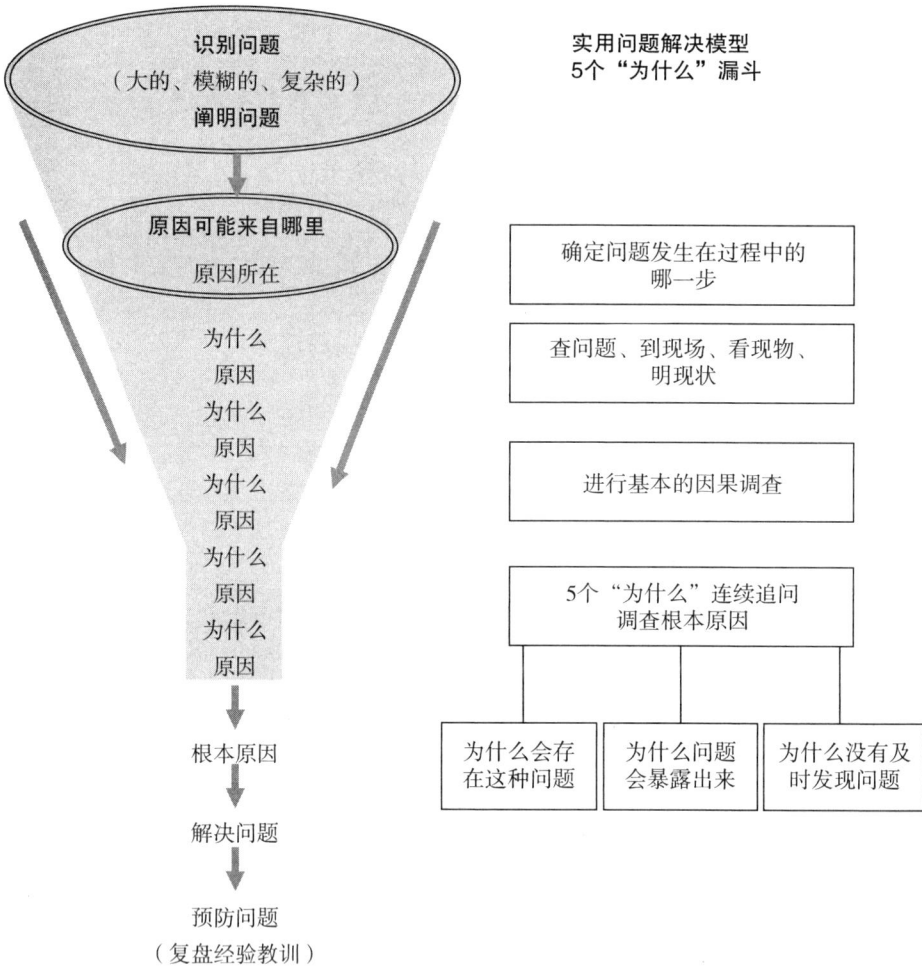

图2-3 5Why漏斗模型

2.8.2　智慧职场案例：5Why应用

一日某餐厅经理巡店时，看到这样的场景：餐厅门外一位怒气冲冲离开餐厅的客人在前面走，服务人员则跟在其后连连道歉。于是餐厅经理到店内向该服务人员了解情况，具体对话如下。

餐厅经理："为什么客人生气地离开了餐厅？"

服务人员："因为客人在大堂门口滑倒了。"

餐厅经理："为什么客人会在大堂门口滑倒？"

服务人员："因为大堂门口的地砖上有油渍。"

餐厅经理："为什么门口地砖上有油渍？"

服务人员："因为近期打烊后后厨的垃圾从前门处理，有油水滴漏。"

餐厅经理："为什么后厨垃圾会从前门处理？"

服务人员："因为餐厅后门有装修工程材料挡住了门口，后厨推车无法进出。"

餐厅经理："为什么会有装修工程材料在后门？"

服务人员："楼上某单位在装修，工程材料码放在那里有一段时间了。"

通过以上发问，餐厅经理了解到造成客户抱怨的原因，并第一时间找到餐厅相关负责人与施工单位联系，当即将工程材料移到旁边，保证了后厨通道的通畅。

可见，餐厅经理有效地利用了5Why分析法寻找、根治问题，杜绝了一次又一次向客户道歉而不做改进的行为。

同时这位服务人员事后表示，作为一名新员工，以为及时向客人道歉就是把工作做到位了，其实还真不是。他通过经理的言传身教学到了分析问题、查找原因、一次性解决重复发生问题的好方法，以后也可以把这种方法用到其他的地方。我们拭目以待吧！

2.8.3　5Why实施步骤与应用要点

作为过来人，我们对于职场新人一直反复强调：一件事情处理后，一定要及时复盘，总结经验教训，记录在案，并找到其中通用的、可以移植的知识或技能。一方面，可以让自己创新运用；另一个方面，自己也不会一直是新人、下属，等到将来成为主管、职场前辈，还可以把这些经验传承下去，让更多的人受益。

总结一下，5Why分析法实施的5个步骤如图2-4所示。

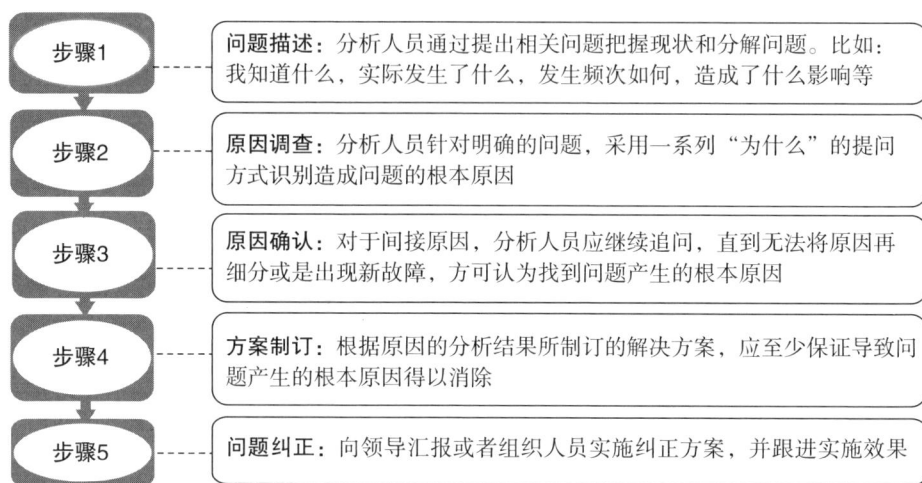

图2-4　5Why分析法实施的5个步骤

同时，5Why分析法在应用时还应该注意下列4点。

1.作为一种更进一步的因果分析方法，它考虑所有因素而非只找出最具影响的因素。

2.当造成现象产生的原因非常明显时，不应使用本方法。如果使用本方法，将会由于"反向工程"的缘故导致资源浪费。

3.在该方法的使用过程中，要引导回答问题的人员有积极解决问题的态度，首先要尽可能找自身的原因，才可以从别的地方找原因，以避免大家"踢皮球"、互相推卸责任的情况产生。

4.寻找原因时应尽量寻找可控因素，从可控因素入手才能有效解决问题。

工具 9

鱼骨图：
知因果，智慧解决问题

如果说5Why分析法还不够直观，还没有图形化，那我们再来看一看鱼骨图。

鱼骨图是由日本管理大师石川馨先生发明的，故又名石川图。鱼骨图是一种发现问题"根本原因"的方法，也被称为"Ishikawa"或者"因果图"，其特点是简捷实用、深入直观。

鱼骨图的主要用途可以从4项任务执行的过程中体现出来，如图2-5所示。

任务	对主要用途的描述
任务1	通过诊断确定问题所在，并对问题进行准确定位
任务2	采集导致问题产生的各类信息、相关数据，主次因素无一遗漏
任务3	统计、整理并演示，对数据进行分析，用数字和实例说话
任务4	识别原因，列备选方案，找出最优解决方案，智慧根治问题

图2-5　鱼骨图的主要用途

2.9.1　鱼骨图实施步骤

可以将鱼骨图的实施过程分解为5个步骤。

1. 在一张图板的右端写上问题的表述（鱼头）。

2. 以鱼头为起点向左端画一条直线，并在直线上画几条斜线，代表几条"大骨"，这些大骨代表了各种潜在的原因。

3. 在大骨的末端写上主要类别，以便将原因组织起来，这些类别的名称要与问题相匹配。如果你觉得很难为类别命名，请参照以下的典型命名。

对于技术问题，常用的命名如表2-2所示；对于销售和市场问题，常用的命名如表2-3所示。

表2-2　技术问题的常用命名

人力资源	方法、工具
机器、设备	计量
原材料	

表2-3　销售和市场问题的常用命名

人的因素	促销
价格	地点
产品	地理分布

4. 在每条大骨上面写下具体的已知的或猜测到的潜在原因。

5. 如果你仍然觉得要找到原因有困难，那么你可以试一试工具13——头脑风暴法。

注：因为这些潜在原因没有分主次，你可能对其中一些进行了细致的分析，但很可能它们并不是导致问题产生的真正原因。

2.9.2 智慧职场案例应用：为什么灯开不了了

鱼骨图，顾名思义，就是像鱼的骨架的图，头尾间用粗线连接，有如脊椎骨。在鱼头处填上需要解决的问题或现状，即鱼头代表了结果，脊椎骨就是导致结果产生的所有步骤与影响因素。想到一个因素，就用一条鱼骨表达，把能想到的有关项都用鱼骨标出。之后再细化，对每个因素进行分析，用分支表示出与每个主因相关的因素，还可以继续用三级、四级分叉找出相关因素。经过反复推敲后，一张鱼骨图就有了大体框架。

下面是用一张鱼骨图来找到导致问题产生的根本原因的例子。问题的表述——"灯开不了了"写在鱼头处，鱼骨反映了导致灯开不了的主要原因，如图2-6所示。

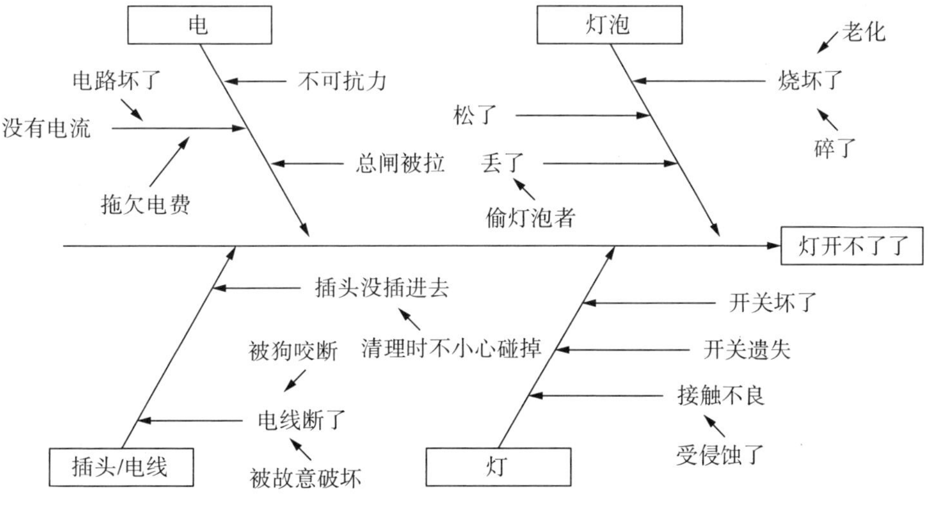

图2-6　灯开不了了的鱼骨分析图

2.9.3 智慧职场案例应用：为什么销量提升缓慢

YBMD公司的市场销量提升缓慢，其销售人员用鱼骨图做了为什么销量提升缓慢的分析，如图2-7所示。

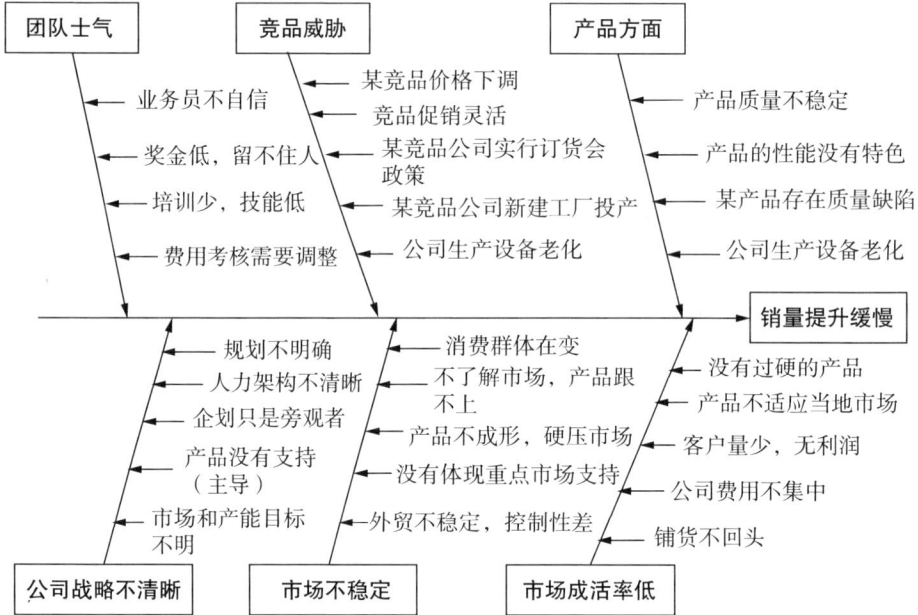

图2-7 YBMD公司销量提升缓慢的鱼骨分析图

销售人员为了分析市场为什么出现"销量提升缓慢"的现象，把问题放在了鱼头部分。经过分析，他们发现"产品方面""团队士气""竞品威胁""公司战略不清晰""市场不稳定"及"市场成活率低"等是主要原因，所以把这些因素放在了主骨部分；在"产品方面"，分析出主要是因为"产品的性能没有特色"等原因，所以将这些因素放在了主骨"产品方面"的次骨上。

这样，为什么销量提升缓慢的鱼骨图就做好了，造成问题的原因一目了然，销售人员可以针对该市场存在的问题来确定解决方案。现在，你可以用好鱼骨图了吗？

工具 10

工作日志法：
记录好关键事件

"日事日毕，日清日高"，不仅是海尔OEC管理的标准和宗旨，也是大多数公司对于职场新人的要求。一般在试用期三个月内，直接主管会分时间节点给新人下达明确的任务目标，新人每天要进行汇报。这种针对试用期新员工的管理用的工具就是写工作日志。

工作日志法是由任职者按时间顺序，详细记录自己在一段时间内的工作内容与工作过程，经过归纳、分析，达到任务目标量化，便于日后考核述职的一种有效方法。

关键事件法是用于搜集工作分析信息的方法之一，即针对某一岗位中重要的能决定成功与否的任务和职责要素进行搜集并分类、汇总，也可以对能反映不同绩效水平的可观察到的行为表现进行描述，作为绩效等级评价的标准。关键事件指工作日志记录中用到的关键事件。关键事件法是工作日志法的标配。

与这两种方法相似的还有很多工具，比如KPTP工作日志法和时间消费记录法等。KPTP工作日志法中的"K"为Keep，即今天你做了哪些工作；"P"为Problem，即你遇到了哪些问题；"T"为Try，即你计划尝试如何解决这些问题；第二个"P"为Plan，即明天的计划是什么。时间消费记录法在苏联科学家柳比歇夫的传记《奇特的一生》中有所提及。作者通过坚持每天记录自己做的事情，展现出合理、高效利用时间的全景，也证明了记工作日志的习惯可以帮助他成为知识渊博的昆虫学家、科学家及作家。

我们一起来学习最经典的工作日志法和关键事件法吧！

2.10.1 工作日志法的运用

工作日志的类型包括结构化和非结构化两种。其中，结构化的工作日志更常用，因为不用职场新人自己设计表单，拿来即用。

结构化的工作日志通常是由公司提供统一格式，比如事先由综合部门或各部门主管设计好详细的工作日志表单，让职场新人按照要求及时地填写评估内容，按时间顺序记录工作过程，然后进行归纳、提炼、总结，从而取得所需要的工作信息。

职场新人运用工作日志法进行工作分析和记录时，应该随时填写工作日志表单，比如以1小时、3小时甚至是10分钟、15分钟为一个周期，而不应该在下班前一次性填写，以避免记忆不清或存在偏差，因为干与没干、干好与没干好是完全不同的，这样也是为了确保填写内容的真实性和有效性。

同时，在实际操作过程中还要对工作日志法的特点进行分析，如图2-8所示。

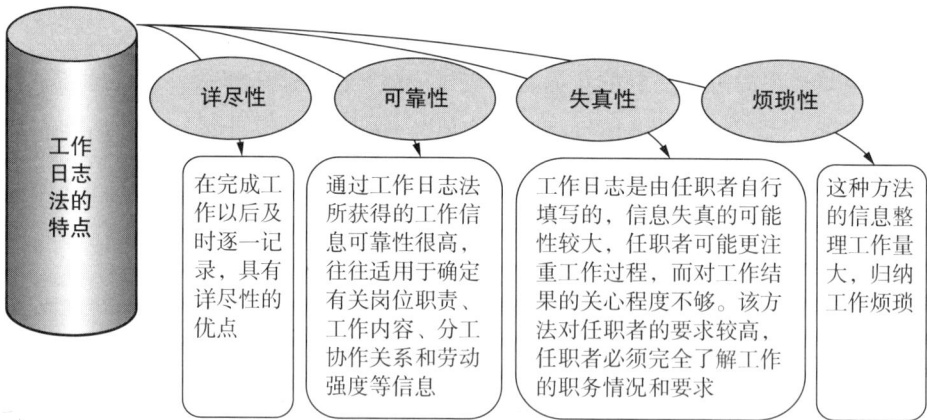

图2-8 工作日志法的4个特点

2.10.2 关键事件法的运用

在运用关键事件法时，管理者要求职场新人将在工作中所表现出来的非同寻常的好行为或不良行为（或事故）统统记录下来，然后在一定的期限内，管理者和新人根据所记录的特殊事件来讨论后者的工作绩效，以便于指导、改进或者作为转正评估的参考。

运用关键事件法进行工作分析时应遵循以下步骤，如图2-9所示。

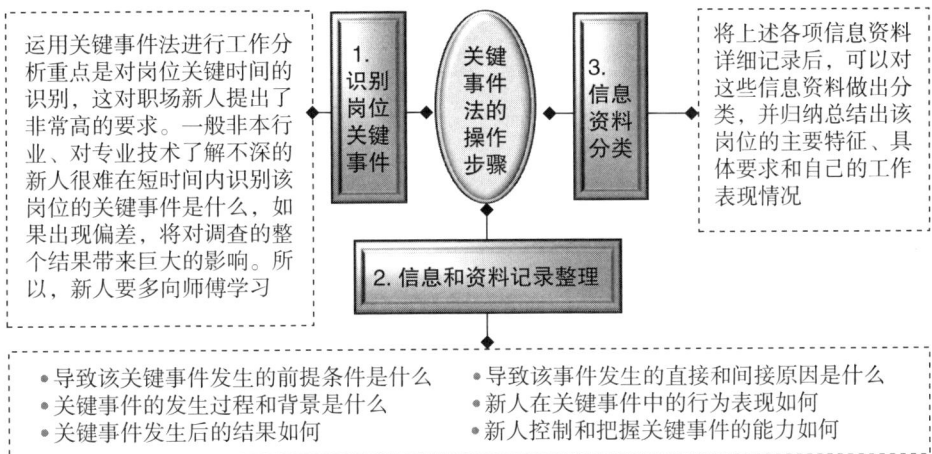

运用关键事件法进行工作分析重点是对岗位关键时间的识别，这对职场新人提出了非常高的要求。一般非本行业、对专业技术了解不深的新人很难在短时间内识别该岗位的关键事件是什么，如果出现偏差，将对调查的整个结果带来巨大的影响。所以，新人要多向师傅学习

1. 识别岗位关键事件

关键事件法的操作步骤

3. 信息资料分类

将上述各项信息资料详细记录后，可以对这些信息资料做出分类，并归纳总结出该岗位的主要特征、具体要求和自己的工作表现情况

2. 信息和资料记录整理

- 导致该关键事件发生的前提条件是什么
- 关键事件的发生过程和背景是什么
- 关键事件发生后的结果如何
- 导致该事件发生的直接和间接原因是什么
- 新人在关键事件中的行为表现如何
- 新人控制和把握关键事件的能力如何

图2-9 关键事件法的操作步骤

采用关键事件法进行考核评估时应注意以下4点，如图2-10所示。

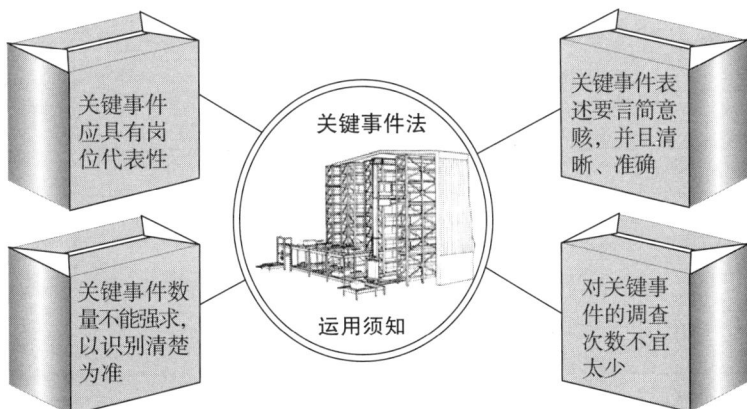

关键事件应具有岗位代表性

关键事件法

运用须知

关键事件表述要言简意赅，并且清晰、准确

关键事件数量不能强求，以识别清楚为准

对关键事件的调查次数不宜太多

图2-10 运用关键事件法的4点须知

2.10.3 工作日志表单案例

简版工作日志表单

工作日志简版表单如表2-4所示。

表2-4 工作日志表（简版）

序号	工作活动名称	工作活动内容	工作活动结果	时间消耗	备注
1	起草文书	竞标文件	有模板，1500字	2个小时	报批、修改
2	复印材料	劳动合同空白模板	20份	15分钟	归档
3					
4					
5					
6					
7					
8					

写实版工作日志表单

工作日志写实版表单如表2-5所示。

表2-5 工作日志表（写实版）

序号	花费时间		工作活动内容	衡量指标	问题描述
	开始	结束			
1					
2					
3					
4					
5					
6					
7					
8					

工具 11

工作汇报技术：
吐槽大会，收获人心

工作汇报又称工作报告或情况报告，一般是下级单位或下属人员个人向上级单位或领导陈述情况的公文之一。当然，职场中更多的是口头汇报。下属人员汇报问题的实质是求得领导批准的自己方案，而非问上司如何解决问题。

因此，汇报材料整理前要掌握工作汇报的特征、种类、功能、作用和写作常识等。汇报时要准备多套方案，将利弊了然于胸，并向上级提出自己独立思考的主张，以争取领导对汇报事项的认同或批准。工作汇报体系如图2-11所示。

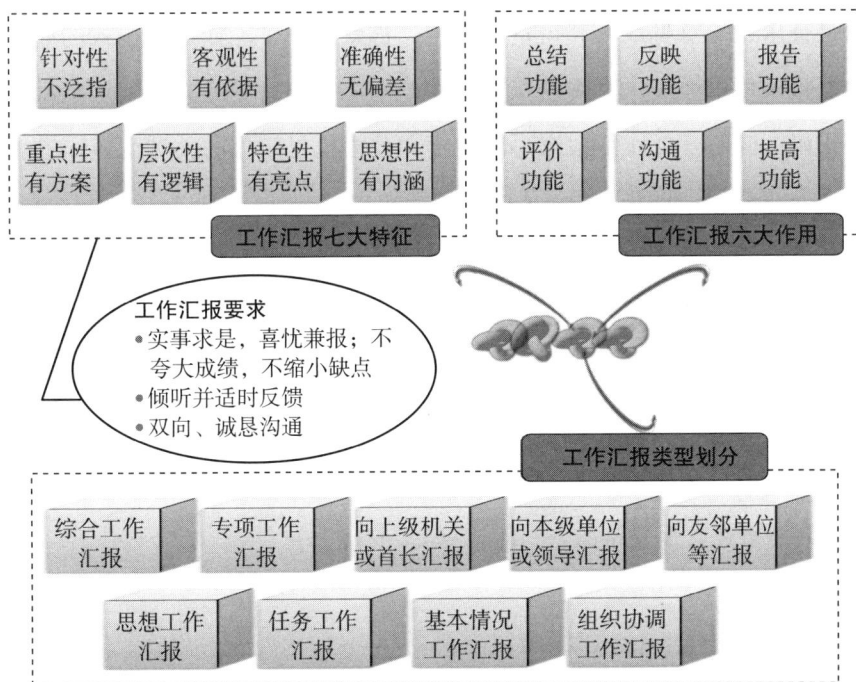

针对性
不泛指

客观性
有依据

准确性
无偏差

重点性
有方案

层次性
有逻辑

特色性
有亮点

思想性
有内涵

工作汇报七大特征

总结
功能

反映
功能

报告
功能

评价
功能

沟通
功能

提高
功能

工作汇报六大作用

工作汇报要求
- 实事求是，喜忧兼报；不夸大成绩，不缩小缺点
- 倾听并适时反馈
- 双向、诚恳沟通

工作汇报类型划分

综合工作
汇报

专项工作
汇报

向上级机关
或首长汇报

向本级单位
或领导汇报

向友邻单位
等汇报

思想工作
汇报

任务工作
汇报

基本情况
工作汇报

组织协调
工作汇报

图2-11　工作汇报体系图解

2.11.1 汇报文稿写作的5步流程

对于职场新人而言，一方面，个人工作中要经常进行工作汇报；另一方面，有时也需要协助主管写工作汇报的草稿。所以，要确保工作汇报的质量，汇报人需要严格按照5步流程来撰写。

1. 广泛收集素材。起草报告前，首先要广泛收集各类所有可能会用到的材料，包括自己阶段性工作的成绩、工作日志里的关键事件、市场调研分析数据、领导平时的讲话要点等，都可以收集起来作为汇报写作的材料。

2. 反复琢磨主题。主题是汇报人意志和目标的体现。琢磨主题就是使主题思想由低到高、由浅入深、由粗及精不断深化，对材料进行综合分析、抽象概括，挖掘出最本质、最核心的东西。简单一句话，就是"出了什么问题，你要干什么。"

3. 客观准确定位。定位准确与否直接关系到工作汇报写作成功与否。如果只是征求领导意见或者获得资源支持，那就简单了。如果是正式的职务汇报，汇报人可以通过认真阅读重要文件、征求领导意见等方式确定汇报定位是否正确。同时，工作汇报撰写的角度和分寸也是定位的关键内容，这就要求汇报人在撰写时明确汇报对象的职位和权力。

4. 科学谋篇布局。汇报人要精心谋篇布局，科学安排结构，合理排列内容，做到纲目清楚、思路贯通、层次清晰、段落完整。谋篇布局的技巧是列出提纲，提纲越细越好，哪一部分详写，哪一部分略写，都要说清楚。

5. 精心细致撰写。汇报人应该按照提纲，按部就班地写作。在写作时，要注意语言的总结提炼，要注意标点符号的准确运用，要注意确保没有错别字，要注意表述，反复推敲。

2.11.2　重点问题的汇报技巧

为了使工作汇报中涉及的重点问题阐述得更加清晰、明确，更突出其作为"重点"的地位，一般需要采用一些技巧，如图2-12所示。

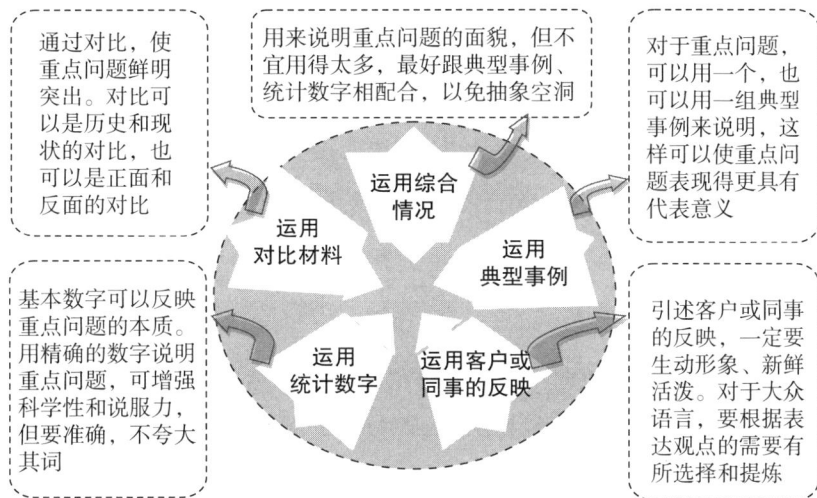

通过对比，使重点问题鲜明突出。对比可以是历史和现状的对比，也可以是正面和反面的对比

用来说明重点问题的面貌，但不宜用得太多，最好跟典型事例、统计数字相配合，以免抽象空洞

对于重点问题，可以用一个，也可以用一组典型事例来说明，这样可以使重点问题表现得更具有代表意义

基本数字可以反映重点问题的本质。用精确的数字说明重点问题，可增强科学性和说服力，但要准确，不夸大其词

引述客户或同事的反映，一定要生动形象、新鲜活泼。对于大众语言，要根据表达观点的需要有所选择和提炼

运用综合情况

运用对比材料

运用典型事例

运用统计数字

运用客户或同事的反映

图2-12　重点问题汇报技巧

2.11.3　工作汇报细节的注意事项

工作汇报细节的检查也是汇报人写作工作汇报前需要注意的事项，因为一个标点符号、一个错别字都会影响到汇报的准确性、完美性。所以，光干得好却记不好，或者写不好、说不好，对于外人来看，那跟白干没有什么区别。对这点，职场新人也别觉得冤，争取都做好。

标点符号的规范使用

标点符号正确，是工作汇报语言规范化的起码要求。标点符号使用错误，不仅直接影响到汇报文章的质量，还会影响职场新人的个人形象。

错例：

> 司马谈慨叹："今汉兴，海内统一，明主贤君忠臣忠义之士，余为太史而弗论载，废天下之史文"。（本例中的句号，应放在后引号的前面。）

正例：

> "满招损，谦受益"这句格言，流传到今天至少有两千年了。

> 现代画家徐悲鸿笔下的马，正如有的评论家所说的那样，"形神兼备，充满生机。"

数字使用的准确无误

数字一方面用于小标题设置中，如行文安排使用汉字数字或阿拉伯数字，另一方面则是表示数量，即事物的多少。工作汇报中数字使用的准确无误主要涉及5个避免：

1. 避免年平均增长率与平均增长百分比混淆或混用。

2. 避免增长倍数和甲是乙的几倍混淆。

3. 避免把下降几成说成几倍。

4. 避免滥用没有绝对数的增长百分比，即对一个事物的增长数，只单独交代一个百分比，而不交代任何一个绝对数是多少。

5. 避免数字本身未经核对就使用，这也是数字使用准确的关键。

另外，工作汇报涉及的人名、地名使用是否准确，在文中多次提及的法律、条例、规范等是否应该使用简称等，都需要进行核对。

工具 12

趋势外推法：
做杰出职业经理人

趋势外推法（Trend Extrapolation）也称"趋势分析法""趋势外插法"，是指根据过去和现在的发展趋势推断未来的一类方法的总称。趋势外推法认为，人们只要能够正确地把握事物的历史和现在的发展情况，就可以循着这个线索推测出它的未来发展趋势。

趋势外推法，首先由R. 赖恩用于科技预测。趋势外推法作为根据发展趋势进行预测一类方法的总称，其运用范围较为广泛，主要用于科技、经济和社会发展的预测，也是企业管理预测的重要部分。

在这里，我们运用趋势外推法预测职场新人未来的行为与发展，即进行一种探索型的预测，运用逻辑思维进行推理，达到预测的目的。或者再说得明白一点儿，同一年大学毕业、同一个月入职同一家公司，谁会因为业绩不达标未转正、被辞退、频繁跳槽，谁又会因为业绩优秀而快速升职、成长为杰出的职业经理人，多年后成为某行业的专家呢？试试用趋势外推法预测一下吧！

2.12.1 趋势外推法的运用原理

趋势外推法的运用原理即基本假设和基本原理，如图2-13所示。

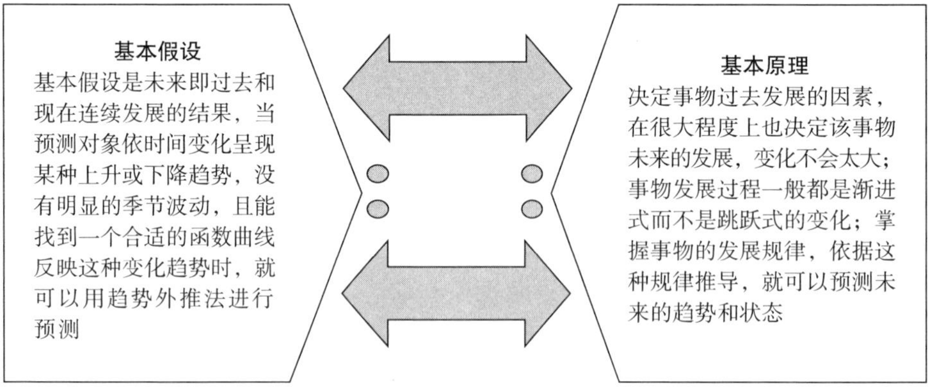

基本假设
基本假设是未来即过去和现在连续发展的结果，当预测对象依时间变化呈现某种上升或下降趋势，没有明显的季节波动，且能找到一个合适的函数曲线反映这种变化趋势时，就可以用趋势外推法进行预测

基本原理
决定事物过去发展的因素，在很大程度上也决定该事物未来的发展，变化不会太大；事物发展过程一般都是渐进式而不是跳跃式的变化；掌握事物的发展规律，依据这种规律推导，就可以预测未来的趋势和状态

图2-13 趋势外推法的运用原理

就像俗话说的一样，"三岁看大，七岁看老。"从三岁孩子的心理特点、个性倾向、行为举止，就能预测到这个孩子青少年时期的心理与个性形象的雏形；而观察七岁孩子的日常表现和习惯，就能预测到他成年以后的成就和功业，八九不离十。

针对职场新人而言，如果了解到他在大学校园的生活和学习状况，加上试用期的表现和业绩评估结果，再运用趋势外推法，对于选人、用人经验丰富的老板和部门负责人来说，不难做出谁去谁留的决策。

2.12.2　趋势外推法的4种实用类型

趋势外推法的应用形式主要包括4种类型，即线性外推法、指数曲线法、生长曲线法和包络曲线法，如表2-6所示。

表2-6　趋势外推法的4种实用类型

方法	简介	具体内容分析
线性外推法	线性外推法是最简单的外推法。在以时间为横坐标的坐标图中，事物的变化接近一条直线，根据这条直线，运用线性外推法，可以推断事物未来的变化	线性外推法可用来研究随时间按恒定增长率变化的事物。应用线性外推法，首先是收集研究对象的动态数列，然后画数据点分布图，如果散点构成的曲线非常近似于直线，可按直线规律外推
指数曲线法	指数曲线法是当描述某一客观事物的指标或参数在散点图上的数据点构成指数曲线或近似指数曲线时，表明该事物的发展是按指数规律或近似指数规律变化的。如果在预测期限内，某事物可按一定规律发展，则运用指数曲线外推	指数曲线法是一种重要的预测方法。一次指数曲线由于与一个阶段的发展趋势相适应，比较适合处于发生和发展阶段技术的预测。由于与许多经济现象的发展过程相适应，一次指数曲线也可以用于经济预测；二次指数曲线和修正指数曲线主要用于经济方面的预测
生长曲线法	生长曲线模型，可以描述事物发生、发展和成熟的全过程，是情报研究中常用的一种方法	生长曲线法不仅可以描述技术发展的基本倾向，为规划决策确定开发新技术的恰当时机提供依据，也可用来研究经济领域
包络曲线法	生长曲线描述一项单元技术的发展过程，而包络曲线可以描述整个技术系统的发展过程	包络曲线外推可估计技术系统在未来时间将会达到什么水平，也可用于分析新技术可能出现的时机，或者用于验证规划中技术参数指标是否合理，为产品设计的功能特性参数提供评价依据

2.12.3 杰出职业经理人行为分析表

上述分析可以达成共识了吗？企业选人、用人有一套标准和方法，对于职场新人而言，就要拿优秀职业经理人的标准要求自己。一般而言，职业经理人可以运用科学合理的工具量表对自身的行为特质进行分析，不断进行自我评估与完善。那么，职场新人就对照着杰出职业经理人行为分析表，如表2-7所示，一一比较，赶紧制订个人的自我提升计划吧！

表2-7 杰出职业经理人行为分析表

行为	个人评估	研究结果	个人差（个人评估分值－研究结果分值）
1. 营造一个让同事/下属有成就感的工作环境		2	
2. 会问问题，真正倾听，并努力理解		4-6	
3. 友好，平易近人，亲和力强		9	
4. 定期召开审查会议来评估工作情况，并让团队成员参与决策和解决问题		3	
5. 密切监督团队成员动态，并提出建设性意见或建议		12	
6. 在解决团队问题方面有创造性		11	
7. 使团队成员把注意力放在关键性的几个目标上		1	
8. 庆祝团队的成功，感恩成员的合作		7-8	
9. 愿意妥协		10	
10. 实践MBWA（走动式管理）		7-8	
11. 从不表露出生气或不赞成的态度，避免冲突		15	
12. 确保团队成员有足够的数据、资料可以参考		4-6	
13. 征求和给予同事/下属反馈意见		4-6	
14. 掌握团队中每个成员的工作过程和业绩表现		14	
15. 妥善地抚平争端		13	
得分（个人得分=Σ个人差）			

注：从你的角度出发，你认为对一个杰出的经理人来讲，哪一条是最重要的，将表格中的每一条按照重要顺序重新排序。计算差值时只取绝对值。

03

Chapter

第 **3** 章

协同作战：
融入团队，打好合作牌

"人心齐，泰山移。""人心散，事业瘫。"职场新人是和同事、团队一起成长的。

人生离不开贵人帮持、高人指点、能人带领。年轻人愿意和自己同类、同龄的朋友在一起，这是横向交友，是必要的，但不充分，也不关键。关键的是纵向交友，即跨领域、跨专业、跨级别、跨年龄的交流与合作。

在职场中，如何跟比自己年龄大很多、职务高很多、成就多很多的人士交朋友？如何与同事相处、交流、共事？如何合作愉快、不拍桌子瞪眼？这涉及职场新人融入团队的技术。

新人遇到的问题	智慧解决工具
团队会议不敢提不同想法，听着别人的又觉得都对	工具13：头脑风暴法
不知道自己的长处与短板，没想到规则有那么多	工具14：SWOT分析法
不知道如何对待不同于同学、兄弟和闺蜜的同事们	工具15：横向交流术
沟通的艺术好深，不知道如何向上反馈想法	工具16：纵向沟通术
不想刚入职就树敌，不想被老板、主管或前辈盯上	工具17：冲突管理法
脚跟没站稳怎么办？如何制订年终前的工作计划	工具18：决策树法

工具 13

头脑风暴法：
聪明人不能一合作就一团糟

头脑风暴法（Brain Storming，BS）又称智力激励法，是由美国创造学家A·F·奥斯本于1939年首次提出，1953年正式发表的一种创造能力的集体训练法。

这种方法是把一个团队的全体成员组织在一起，使每个成员都毫无顾忌地发表自己的想法，既不必担心别人的讥讽，也不用顾虑别人的批评和指责，是一个使每个人都能提出大量新观念、创造性解决问题的最有效的方法。

运用头脑风暴法应遵守4条基本原则，如图3-1所示。

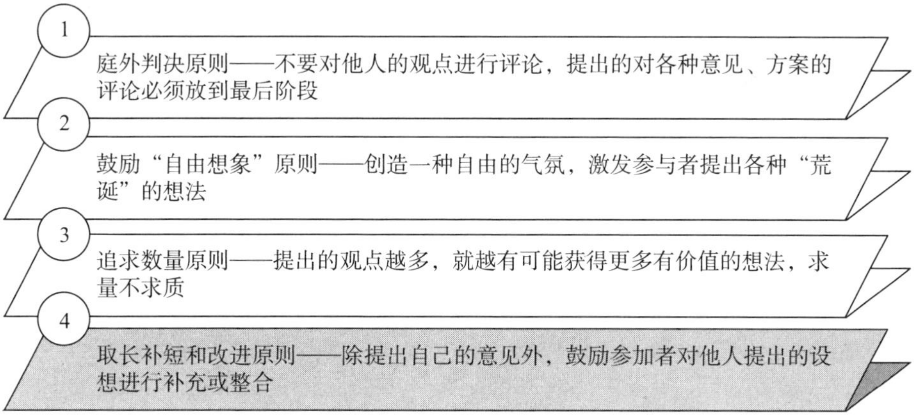

1　庭外判决原则——不要对他人的观点进行评论，提出的对各种意见、方案的评论必须放到最后阶段

2　鼓励"自由想象"原则——创造一种自由的气氛，激发参与者提出各种"荒诞"的想法

3　追求数量原则——提出的观点越多，就越有可能获得更多有价值的想法，求量不求质

4　取长补短和改进原则——除提出自己的意见外，鼓励参加者对他人提出的设想进行补充或整合

图3-1　运用头脑风暴法的4条基本原则

头脑风暴法经过各国创造学研究者的实践和发展，至今已经形成了一个发明技法群，如默写式头脑风暴法、卡片式头脑风暴法和三菱式头脑风暴法等。

3.13.1 默写式头脑风暴法

默写式头脑风暴法的操作可以按照以下6个步骤进行。

1. 每次会议由6人参加，每人在5分钟内提出3个设想，故又称它"653法"。

2. 由会议主持人把议题发给到会者，并对到会者提出的疑问进行解释。

3. 每人发几张设想卡片，在每张设想卡片上编号。在两个设想之间要留一定的空隙，可让其他人填写新的设想，填写必须清楚、无歧义。

4. 在第1个5分钟，每个人针对议题在卡片上填写3个设想，将卡片向左传。

5. 在第2个5分钟，每个人从别人的3个设想中得到新的启发，再在卡片上填写3个新的设想，然后将卡片再传给左边的到会者。这样，半个小时可以传递6次，一共可产生108个设想。

6. 把这些卡片收集起来以便整合和讨论。

3.13.2 卡片式头脑风暴法

卡片式头脑风暴法包括CBS法和NBS法两种，如表3-1所示。

表3-1　卡片式头脑风暴法的两种具体做法

CBS法的具体做法	NBS法的具体做法
会前明确会议主题，每次会议由3～8人参加，每人持有50张名片大小的卡片，桌上另放200张卡片备用	会前必须明确主题，每次会议由5～8人参加，每人必须提出5个以上的设想，每个设想填写在1张卡片上
会议大约举行1个小时。最初10分钟为"独奏"阶段，由到会者各自在卡片上填写设想，每张卡片写1个设想；接下来的30分钟，由到会者按座位次序轮流发表自己的设想，每次只能宣读1张卡片，宣读时将卡片放在桌子中间，让到会者都能看清楚	会议开始后，个人出示自己的卡片，并依次做说明；在别人宣读设想时，如果自己发生了"思维共振"，产生新的设想，应立即填写在备用卡片上
宣读后，其他人可以质询，也可以再写下新设想并对所选用的卡片，在余下的20分钟内让到会者相互交流和探讨各自的设想，从中再诱发出新的设想，如此几轮后，找到最优解决方案	待到会者发言完毕后，将所有卡片集中起来，按内容进行分类，横排在桌上；在每类卡片上加一个标题，然后再进行讨论，挑选出可供实施的设想

3.13.3　三菱式头脑风暴法

三菱式头脑风暴法的操作包括6个步骤。

1. 提出会议主题。

2. 由参加会议的人各自在纸上填写设想，时间为10分钟。

3. 每个人轮流发表自己的设想（设限5个），由会议主持人记下每个人发表的设想。别人也可以根据宣读者提出的设想，填写新的设想。

4. 将设想写成提案，并进行详细说明。

5. 相互质询，进一步修订提案。

6. 由会议主持人将个人的提案用图解的方式写在黑板上，让到会者进一步讨论，以便获得最佳方案。

头脑风暴现场"相互质询"的禁忌语如图3-2所示。

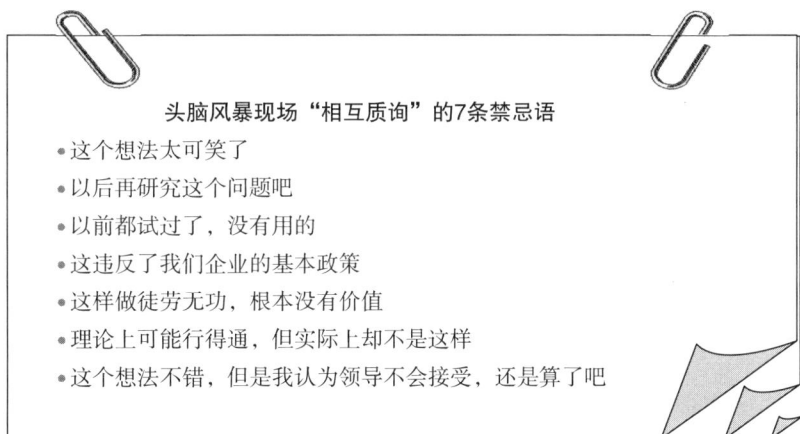

头脑风暴现场"相互质询"的7条禁忌语

- 这个想法太可笑了
- 以后再研究这个问题吧
- 以前都试过了，没有用的
- 这违反了我们企业的基本政策
- 这样做徒劳无功，根本没有价值
- 理论上可能行得通，但实际上却不是这样
- 这个想法不错，但是我认为领导不会接受，还是算了吧

图3-2　头脑风暴现场7条禁忌语

3.13.4 参会者十大守则

可见，无论是默写式头脑风暴法、卡片式头脑风暴法，还是三菱式头脑风暴法，只要运用好集体的智慧，均可以解决工作中个人难以应对的问题。

同时也可以看出，各种头脑风暴法均需要以会议的形式组织并运作。为了保证团队会议沟通的效率和质量，所有头脑风暴参与者均需要遵守以下十大守则，如图3-3所示。

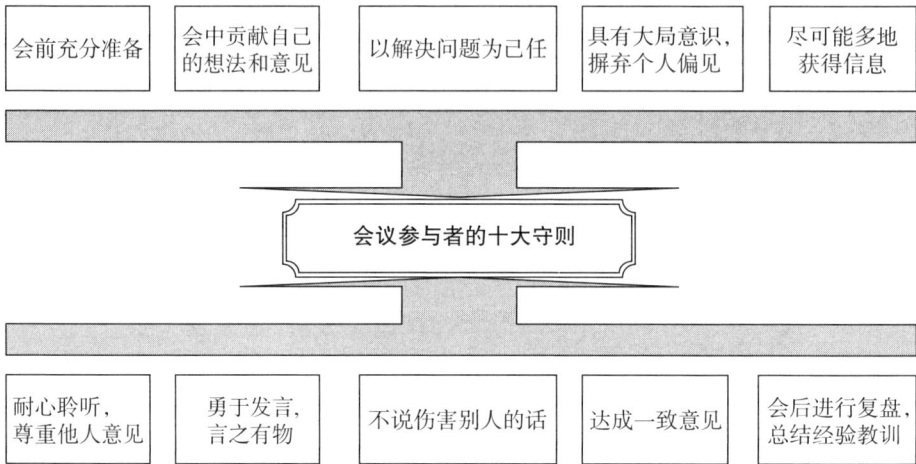

图3-3 头脑风暴会议参与者十大守则

工具 14

SWOT分析法：
看优劣势，团队互相补台

SWOT分析法又被称为态势分析法、自我诊断法，提出者是美国管理专家海因茨·韦里克（Heinz Weihrich），是进行企业外部环境和内部条件分析，从而构造两者最佳策略组合的一种分析工具。

SWOT的4个英文字母分别代表：Strength（优势）、Weakness（劣势）、Opportunity（机会）和Threat（威胁），主要适用于制订企业战略和竞争策略时、自我诊断或对竞争对手分析时、实施人力资源管理和产品研发时。

SWOT分析法的基础模型如图3-4所示。

内部	Strength 优势	Weakness 劣势
外部	Opportunity 机会	Threat 威胁

图3-4　SWOT分析法的基础模型

3.14.1 SWOT分析法的执行程序

SWOT分析法的执行程序包括6个步骤。

1. 绘制SWOT分析表，如表3-2所示，横向第二行、第三行分别填上机会（O）、威胁（T），纵向第二列、第三列分别填上优势（S）、劣势（W）。

2. 对企业的内外部环境进行综合分析，找出企业的优势、劣势、机会和威胁。

3. 把各种影响因素列在相应的象限内。将那些对公司发展有直接的、重要的、迫切的、久远的影响因素优先排列出来，将那些间接的、次要的、可缓的、短暂的影响因素排列在后面。

4. 把所有的内部因素（优势和劣势）和外部因素（机会和威胁）分别集中在一起进行对比。

5. 将内部因素和外部因素匹配起来加以组合，得出一系列公司未来发展的可选择策略，即OS策略、OW策略、TS策略、TW策略，如表3-2所示。

表3-2　SWOT策略选择表

	优势（S）	劣势（W）
机会（O）	OS组合 OS策略——利用这些因素	OW组合 OW策略——改进这些因素
威胁（T）	TS组合 TS策略——监控这些因素	TW组合 TW策略——消除这些因素

6. 制订并实施相应的行动计划。基本思路是：考虑过去，立足当前，着眼未来；发挥优势因素，克服劣势因素，利用机会因素，化解威胁因素。

3.14.2　智慧职场案例：SWOT分析法（企业版）

优势（S）

优势是指一家企业超越竞争对手的能力，或是指公司具有竞争力的方面。

1. 技术技能优势：独特的生产方法、雄厚的技术实力、完善的质量控制体系、丰富的营销经验、卓越的客户服务等。

2. 有形资产优势：先进的生产设备、丰富的资源储备、良好的工作环境、充足的现金流等。

3. 无形资产优势：卓越的品牌影响力、出众的企业形象、优秀的企业文化等。

4. 人力资源优势：富有创造力的员工、凸显价值的关键员工、充满朝气的团队等。

5. 竞争能力优势：敏锐的市场反应能力、行业的领袖地位、强大的渠道和终端等。

劣势（W）

劣势是指企业缺乏的能力，或是指公司做得不好的某些方面。

1. 技术技能劣势：过时的生产方法、不完善的质量控制体系、缺乏营销经验、粗糙的制作工艺等。

2. 有形资产劣势：老化的生产设备、资源储备量小、糟糕的工作环境、现金流断裂等。

3. 无形资产劣势：品牌影响力低、企业形象差、企业文化建设缓慢等。

4. 人力资源劣势：员工流动性大、员工缺乏创造力、团队建设不到位等。

5. 竞争能力劣势：市场反应迟钝、行业排名靠后、销售渠道不畅等。

机会（O）

机会是影响公司战略的重大因素。抓住潜在的最佳机会，企业才能得到迅速发展。

1. 寻找向其他区域、领域扩张的机会。

2. 市场需求增长强势，适合快速扩张。

3. 技术向新产品、新业务方向转移，客户群增多。

4. 可向前或向后整合，进入企业的上游或下游产业。

5. 具有并购竞争对手的能力，并找准了并购对象。

威胁（T）

威胁是指外部环境中对公司的赢利能力和市场地位构成威胁的因素，因此要消除或减轻其影响。

1. 市场中出现了强大的竞争对手。

2. 替代品的出现，抢走公司主要产品的部分市场份额。

3. 顾客的消费需求发生了不利于产品销售的变化。

4. 市场需求量减少，客户群缩小。

5. 发生经济危机，主要业务受到严重影响。

3.14.3 智慧职场案例：SWOT分析法（个人版）

笔者曾经在首都医科大学燕京医学院做过一次主题为《规划你的人生——迈好职业第一步》的大型讲座，现场有600多名同学，大部分为临床医学专业、护理专业，他们毕业后不是做护士就是当医生。所以，讲座上运用SWOT分析法为同学们做了医生职业的优劣势分析。

那么，这里也以医生职业为例，列出SWOT的4个象限，如表3-3所示。

表3-3 医生职业的SWOT分析法案例

	优势	劣势
内部	• 稳定，职业生涯路线清晰 • 职业生涯时间越长就越值钱 • 技术型行业，行就行，不行就不行 • 社会资源广，社会地位高 • 成就感强	• 前期投入极大，门槛最高 • 工作强度大，压力大，风险高 • 没有多少时间顾及家庭 • 需要默默地熬过职业前期、中期，需要不断提升自己
	机会	威胁
外部	• 做到行业顶尖，成为拥有话语权的保健医、院士，或者到行业主管部门任职等 • 出国进修，做国际医疗的"白求恩" • 职业原因不会当"剩男""剩女"	• 医患关系较差 • 面临艾滋病、肝炎、放射线等危险，需要防感染 • 到艰苦环境出门诊、做手术

🌿 **加个任务**

读者可以参照SWOT分析法案例，按照执行程序绘制你的职业象限，进行系统分析，并思考一下，你的岗位在你所在的部门或团队中应该如何与其他同事优势互补。

工具 15

横向交流术：
我和同事做朋友

作为办公室新人，少不了做些端茶倒水等不在岗位说明书中职责范围内的小活儿。但是，往往这些小活儿却可能成为离职、坚持不下去的导火索。所以，职场新人索性不如主动去做这些工作，边做边等着下一位"老幺"入职。

既然必须做、只能做，就开心地做吧，把这些活儿当成练就自身专业化、职业化的机会。当然，在这个过程中少不了与同事合作，少不了讨论问题，那么与同事的信息交流就不可或缺，这就是横向信息沟通的主题。

横向信息沟通，又称平行沟通，是指企业中层次相当的个人或团体之间进行的信息传递和交流，可以简化办事程序和手续，使企业各个部门之间相互了解，有助于培养整体观念和合作精神，克服本位主义倾向，使员工之间互谅互让，提高员工的工作兴趣，改善工作态度，提高工作效率。

但这种沟通也有头绪过多、信息量大、易于造成混乱的弊端。横向沟通常见形式有3种，即书面沟通、口头沟通、电子沟通，如图3-5所示。

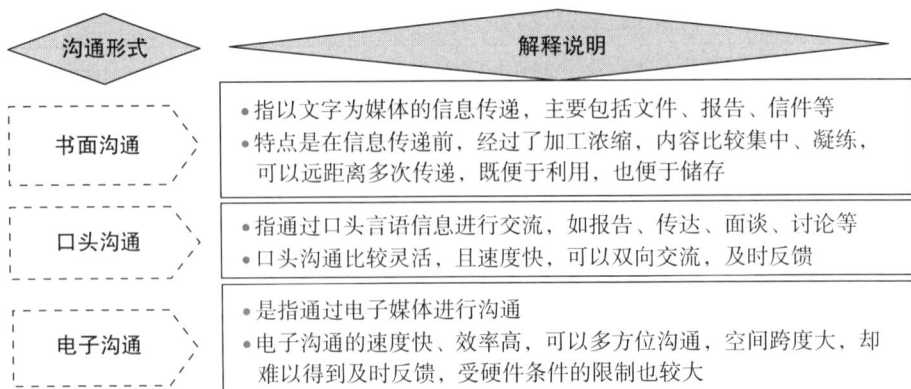

沟通形式	解释说明
书面沟通	• 指以文字为媒体的信息传递，主要包括文件、报告、信件等 • 特点是在信息传递前，经过了加工浓缩，内容比较集中、凝练，可以远距离多次传递，既便于利用，也便于储存
口头沟通	• 指通过口头言语信息进行交流，如报告、传达、面谈、讨论等 • 口头沟通比较灵活，且速度快，可以双向交流，及时反馈
电子沟通	• 是指通过电子媒体进行沟通 • 电子沟通的速度快、效率高，可以多方位沟通，空间跨度大，却难以得到及时反馈，受硬件条件的限制也较大

图3-5　横向沟通的3种形式

3.15.1 信息沟通障碍游戏体验

交代游戏过程与规则

1. 准备两幅图，并贴于写字板后。

2. 请一位学员上来看写字板，人只能站在写字板后，不可以走出来。

3. 经过30秒的思考，请这名学员描述写字板上的图形给台下的学员听。

4. 台下的学员根据描述在纸上把图形画出来。

5. 描述第一幅图时，台下学员只允许听，不许提问。

6. 再请这位学员看第二幅图，同样描述给台下的学员听，台下的学员根据描述在纸上把图形画出来。

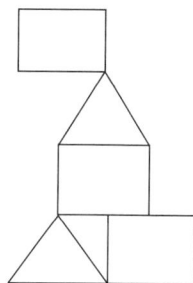

第一幅图

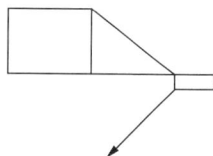

第二幅图

7. 描述第二幅图时，台下的学员可以发问。

8. 每次描述完，统计自认为正确的人数和实际正确的人数。

9. 将两次统计的结果进行对比。

10. 组织学员对游戏过程和结果进行讨论。

游戏体验双向点评

这个画图游戏说明，双向沟通比单向沟通更有效，双向沟通可以了解更多信息。通过这个游戏，我们可以得出以下分析和结论。

对听者而言：单向沟通时，自认为自己来做会做得更好；认为自己正确的人比实际正确的人多；想当然，没有提问，就认为正确；不善于从别人的提问中接收信息。

对说者而言：要注意听众的兴趣所在；要对所表达的内容有充分的理解与了解；存在信息遗漏现象，要有很强的沟通表达技巧；要先描述整体概念，然后逻辑清晰地讲解。

3.15.2　横向信息沟通的4+2技巧

职场新人与同事沟通可以采用赞美欣赏、善于倾听、求同存异、互相体谅的4个技巧，如表3-4所示。

表3-4　横向沟通的技巧与操作说明

沟通技巧	操作说明
赞美欣赏	• 能够看到同事身上的优点，并及时给予赞美、肯定。对一些不足给予积极的鼓励，这是与同事进行良好沟通的基础。只有懂得欣赏他人的人才能获得他人的欣赏 • 大家可以在赞美欣赏的良好环境中，共享信息、相互协作、紧密配合、共同进步
善于倾听	• 善于倾听是增加亲和力的重要因素 • 当同事工作中出现不愉快的事情并向你倾诉时，你一定要认真倾听，把自己的情感与同事的情感融到一起，成为同事最真诚的倾听者，这样会加深与同事之间的情感
求同存异	• 同事之间由于经历、立场等方面的差异，对同一个问题往往会产生不同的看法，难免会引起一些争论，容易伤和气 • 与同事的意见产生分歧时，不要过分争论，应努力找到彼此之间的共识点，求大同存小异
互相体谅	• 互相体谅，切忌指责。指责是恶性冲突的导火线，是人际关系的大忌 • 同事之间，在工作过程中，难免会出现错误和产生问题，这时不能仅仅指责和埋怨对方，将责任一味地推给对方，而要做到谅解对方、互相补台，积极寻求解决问题的有效途径

在掌握了与同事沟通的技巧后，还应注意下面2个事项。

1. 避免实话实说、直言不讳。实话实说本身并没有错，但是指出对方的问题和错误，要考虑时间、地点、对象及对方的接受能力，更要讲究方式和方法，掌握好分寸。如果说话过于直率、言辞过于生硬或激烈，有时会产生不良的效果，给自己带来不必要的麻烦。

2. 不断自我学习、自我调整。职场新人要想保持与同事长期稳定的关系，就需要提高自己的沟通能力。

3.15.3 横向信息沟通的3种模型

企业内部的横向沟通一般有3种模型可供选择，每一种模型均具有独特之处，如图3-6所示。

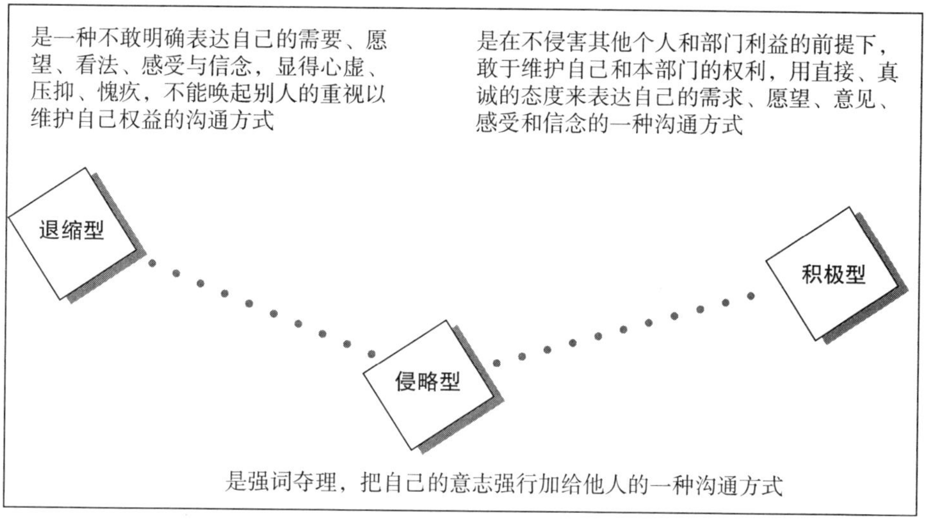

图3-6　横向沟通的3种模型

这3种横向沟通的模型具备的特点各不相同。

退缩型

1. 担心因拒绝沟通对象的请求而招致对方不快，不敢把"不"字说出口。

2. 没完没了地抱歉，担心招致一场争辩，破坏同事间本来不错的关系，致使今后无法和平相处，影响单位部门间的协作。

3. 对自己的能力没有足够的信心，尽量保持低姿态，避免引起别人的注意。

4. 说话拐弯抹角、迟疑模糊，旁敲侧击地点出主题，总想让沟通对象主动提出问题，挑明问题的要点。

5. 编制借口以淡化自己行为的真正用意，避免过分暴露自己，怕被视为鲁莽唐突。

6. 过多地自我设限，"我以为""我应该""我本来"，自己设定服从义务，造成沟通中的地位不平等。

侵略型

1. 沟通用语强硬，不给对方留下思考和商量的余地。

2. 认为自己的需要、愿望和意见比别人的重要。

3. 自以为自己的能力高人一筹，他人不如自己，以一种盛气凌人的态度对待对方。

4. 忽略甚至否定他人的需要、愿望、意见、感受和信念的合理性。

积极型

1. 真诚、坦率待人，从友好、合作的愿望出发，以大局为重，出于公心，没有不可告人的目的。

2. 敢于坚持原则，捍卫自己最重要的权利，强调必须按照职权和公司规定行事。

3. 强调任何个人都是值得尊重的，沟通双方的共同目的是把工作做好，并坚信有双赢的解决办法。在沟通中明确自己的态度、立场及见解，但又避免将事情进行非对即错的极端化归类。

4. 不把自己的意见强加于沟通对象，认同人人都有表达不同意见的权力。既表达自己的意见，给沟通对象提供解决问题的建议，又给沟通对象留有选择的余地。

5. 提出带有商讨性的建议，委婉征求对方意见，以了解他人的想法、意见和期望。对于不同意见，明确直接地予以表达，并及时说明拒绝的原因。

6. 说话简明扼要，从不含糊其词，表现出自己的开朗、直率和真诚，使对方能准确抓住要点，明白自己的态度和立场。将对问题的解释与对自己意见的阐述区分开，并让对方明确自己说话的思路。

7. 有不理解、不明确的问题，能直截了当地提出，让对方给予进一步说明，避免直接针对对方的意见和态度做强硬的批评，选择用建议来表达自己的意见和态度。

积极型的沟通方式是职场新人在与同事横向沟通中应该选择的方式。

3.15.4 智慧职场案例：销售人员横向沟通

销售人员相对于其他岗位的人员更需要具备优秀的横向沟通能力，销售人员通过横向交流术可以向企业其他部门的同事收集产品的立体化信息，以便更好地向客户介绍产品，创造更高的销售业绩。

销售人员通过多种渠道收集的信息如图3-7所示。

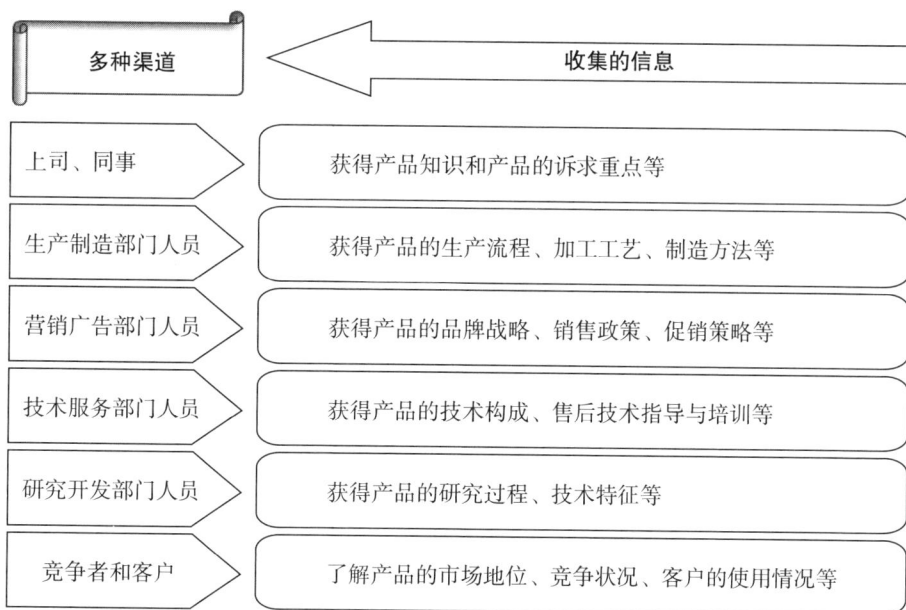

图3-7 销售人员通过多种渠道收集信息

3.15.5　团队协作和合作品行的规则

说到底，探讨横向信息沟通及其模型是为了使职场新人与团队成员好好合作，这里又表现为团队协作规则和合作品行规则。

团队协作是指对有联系的工作活动所进行的统筹安排，是企业中各个团队或项目组在一定生产条件下的协同劳动。企业组织的劳动协作，就是采用适当的形式，把从事各种局部性工作的员工联合起来共同完成某种整体性的工作。

团队协作的规则主要包括以下4个方面，如图3-8所示。

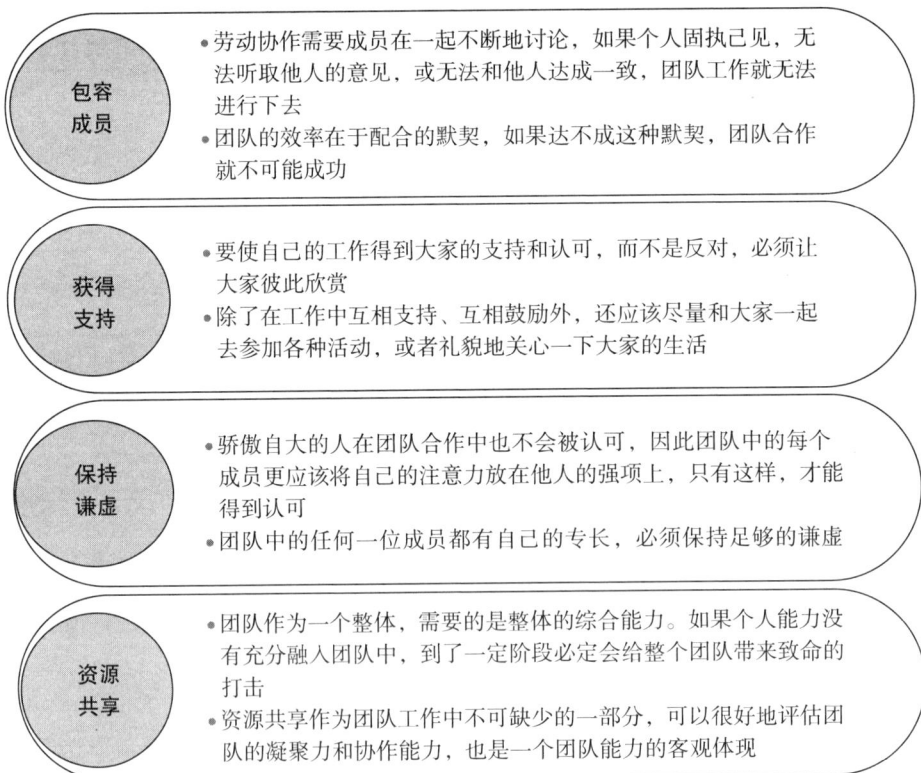

包容成员	• 劳动协作需要成员在一起不断地讨论，如果个人固执己见，无法听取他人的意见，或无法和他人达成一致，团队工作就无法进行下去 • 团队的效率在于配合的默契，如果达不成这种默契，团队合作就不可能成功
获得支持	• 要使自己的工作得到大家的支持和认可，而不是反对，必须让大家彼此欣赏 • 除了在工作中互相支持、互相鼓励外，还应该尽量和大家一起去参加各种活动，或者礼貌地关心一下大家的生活
保持谦虚	• 骄傲自大的人在团队合作中也不会被认可，因此团队中的每个成员更应该将自己的注意力放在他人的强项上，只有这样，才能得到认可 • 团队中的任何一位成员都有自己的专长，必须保持足够的谦虚
资源共享	• 团队作为一个整体，需要的是整体的综合能力。如果个人能力没有充分融入团队中，到了一定阶段必定会给整个团队带来致命的打击 • 资源共享作为团队工作中不可缺少的一部分，可以很好地评估团队的凝聚力和协作能力，也是一个团队能力的客观体现

图3-8　团队协作的4项规则

职场新人在团队合作完成任务的过程中需要注意3项品行规则，如图3-9所示。

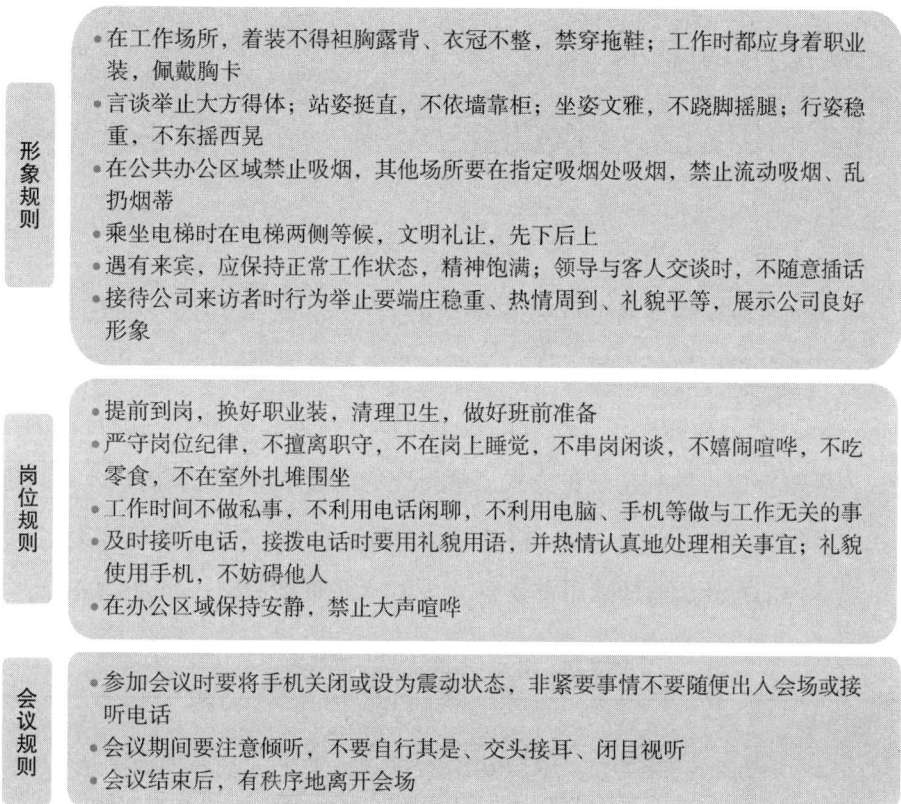

形象规则	• 在工作场所，着装不得袒胸露背、衣冠不整，禁穿拖鞋；工作时都应身着职业装，佩戴胸卡 • 言谈举止大方得体；站姿挺直，不依墙靠柜；坐姿文雅，不跷脚摇腿；行姿稳重，不东摇西晃 • 在公共办公区域禁止吸烟，其他场所要在指定吸烟处吸烟，禁止流动吸烟、乱扔烟蒂 • 乘坐电梯时在电梯两侧等候，文明礼让，先下后上 • 遇有来宾，应保持正常工作状态，精神饱满；领导与客人交谈时，不随意插话 • 接待公司来访者时行为举止要端庄稳重、热情周到、礼貌平等，展示公司良好形象
岗位规则	• 提前到岗，换好职业装，清理卫生，做好班前准备 • 严守岗位纪律，不擅离职守，不在岗上睡觉，不串岗闲谈，不嬉闹喧哗，不吃零食，不在室外扎堆围坐 • 工作时间不做私事，不利用电话闲聊，不利用电脑、手机等做与工作无关的事 • 及时接听电话，接拨电话时要用礼貌用语，并热情认真地处理相关事宜；礼貌使用手机，不妨碍他人 • 在办公区域保持安静，禁止大声喧哗
会议规则	• 参加会议时要将手机关闭或设为震动状态，非紧要事情不要随便出入会场或接听电话 • 会议期间要注意倾听，不要自行其是、交头接耳、闭目视听 • 会议结束后，有秩序地离开会场

图3-9　合作品行3项规则

工具 16

纵向沟通术：
自下而上，水到渠成

自下而上纵向的沟通也可称为上行沟通，主要是指职场新人或团体成员等处于企业较低层级的岗位，通过一定的渠道与管理决策层上级岗位进行信息交流的方法。其优点在于下级的员工可以直接向上级领导反馈自己的意见，上级领导也可以利用这种方式了解企业的经营状况，提高管理水平。但在企业内部，一般情况下，自下而上的沟通要遵循逐级原则，不允许越级报告。

企业内部有效沟通的障碍主要源于以下3个方面的原因，如表3-5所示。

表3-5　企业内部沟通障碍说明

沟通障碍	具体解释
个人原因	• 因对待事务的态度、观点和理念不同而造成沟通的障碍。即知觉选择存在偏差，符合自己利益、与自己切身利益相关的信息容易接受，而对自己不利或可能损害自己利益的则不易接受 • 个性特征差异引起沟通的障碍。个人的性格、气质、态度、情绪、兴趣等差别，都可能在内部沟通中引起沟通障碍 • 语言表达、交流和理解造成沟通的障碍
人际原因	• 沟通是发送者与接收者之间"发送信息"与"接收反馈"的过程，信息传递是双方的事情，因此沟通双方的诚意和相互信任至关重要。双方猜疑只会增加抵触情绪，减少坦率交谈的机会 • 沟通双方特征的相似性也会影响沟通效果，如性别、年龄、智力、种族、社会地位、兴趣、价值观、能力等相似度越高，沟通的效果也会越好
结构原因	• 沟通的方向和频率受沟通双方地位高低的影响 • 传递链越长，信息传递层次越多，到达目的地的时间也越长，信息越容易失真，越不利于沟通 • 企业组织机构越庞大、层次越多，越影响信息沟通的及时性和真实性

3.16.1　自下而上沟通的3种类型

根据沟通的内容不同，自下而上沟通时常见的类型包括3种，职场新人与上级领导或职场前辈沟通时可以参照操作说明执行，如表3-6所示。

表3-6　自下而上沟通的3种类型和操作说明

沟通类型	操作说明
接受主管指示	• 事先明确沟通的内容，以便做好相关准备 • 认真倾听，进行必要的复述"我确认一下"；多提问，寻求主管的处理思路 • 不与主管发生争执，避免因问题了解不全面、考虑不周而说服不了主管，引发不快
向主管汇报	• 汇报内容要与主管原来的指示、计划和期望相对应，避免文不对题，浪费主管时间 • 尝试站在主管的角度看待工作，关注主管的期望，将主管关注的问题列为重点详细汇报项目 • 避免单向汇报，要主动寻求反馈，让主管确认理解和把握了所作汇报的内容 • 尽量客观、准确，不要突出个人，自我标榜，避免引起主管反感 • 对主管做出的评价有不明白之处，应复述后让主管确认，以获知主管评价的真实意思
与主管商讨问题	• 表达确切、简明、扼要和完整，有重点 • 针对具体的事情进行分析，表达自己的观点和想法，避免针对某个人进行评价 • 不要把与主管讨论问题当作履行义务，仅仅说了还不行，必须让主管理解、明白 • 避免与主管辩论，不要对每个问题都要争出一个是非对错 • 不要在所讨论的问题中加入自己的情绪，避免把自己的意见强加于主管

3.16.2 自下而上沟通的5个技巧

与上级领导有效沟通，建立并保持良好的上下级关系，对职场新人在一家企业中的成功与发展具有重要意义。无论是汇报工作、请示事项，还是说服领导批准自己的请求，下级与上级领导沟通时均要讲究方法和技巧。

自下而上沟通时可采用的沟通方式包括递交书面报告、口头汇报、发信件或邮件等。除此之外，自下而上沟通还必须明确以下五大技巧。

1. 用事实和数据提高说服力。下级提出改进现有工作制度、程序的建议或推广新的提案前，要做好充分准备，最好事先收集整理好有关数据和资料，然后做成书面材料提交给领导，用事实和数据说话。

2. 选择合适的时机。与上级领导沟通并不一定都要在办公室内进行。因为上级领导每天要考虑的事情很多，有时候在非工作时间也可以解决大问题。你想过在等电梯时、在休息室喝咖啡时、在午餐时，甚至与主管一同出差时谈论哪些话题吗？这些场合能够解决大问题，你相信吗？

3. 预测质疑、准备答案和解决方案。对下级提出的建议和设想，上级领导可能会提出质疑，如果下级毫无准备，吞吞吐吐，那么建议被采纳的机会就会大大减少，同时也会给上级领导留下逻辑性差、思维不缜密的印象。下级最好充分预想可能被质疑的地方，并一一准备，这样就可以胸有成竹地面对上级领导了。

4. 突出重点，简明扼要。下级应先弄清楚上级领导最关心的问题，再想想自己最想解决的问题，在与上级领导交谈时，一定要先说重点，简单明了，不要东拉西扯，分散上级领导的注意力。

5. 尊重上级领导的决定。无论下级的建议多么完美，也会有不周全的地方，而上级领导要统筹全局，从企业的整体发展角度出发。因此，下级在阐述建议后应该给上级领导留一段思考的时间，即使上级领导犹豫或否定了你的建议，也应该感谢上级领导倾听你的意见。

3.16.3 智慧职场案例：纵向沟通操作

在智慧职场中，沟通中的各方有时会存在较大的文化背景差异，即使同一家企业中的员工，因说话方式和风格不同，对同样的事物有不一样的理解，所以对相同的词汇不同人理解的含义可能大相径庭。

职场新人要想工作顺利完成，得到领导的认同和支持非常关键。如何实现真正的向上沟通，利用企业提供的向上沟通机制是明智之选，如图3-10所示。

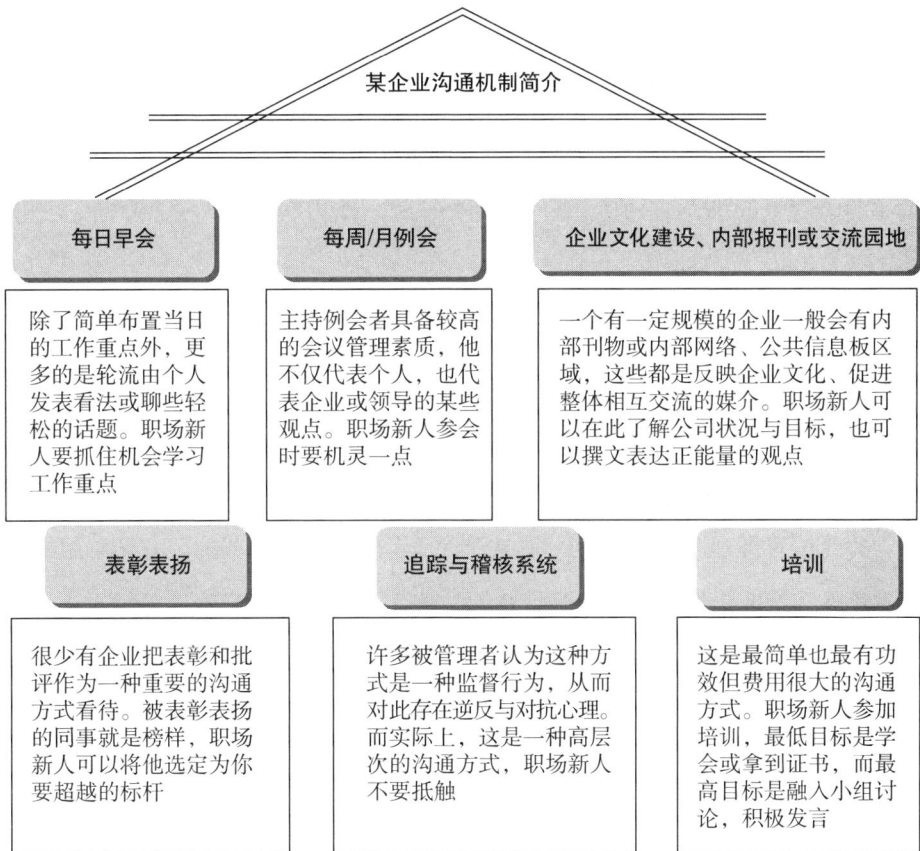

某企业沟通机制简介

每日早会

除了简单布置当日的工作重点外，更多的是轮流由个人发表看法或聊些轻松的话题。职场新人要抓住机会学习工作重点

每周/月例会

主持例会者具备较高的会议管理素质，他不仅代表个人，也代表企业或领导的某些观点。职场新人参会时要机灵一点

企业文化建设、内部报刊或交流园地

一个有一定规模的企业一般会有内部刊物或内部网络、公共信息板区域，这些都是反映企业文化、促进整体相互交流的媒介。职场新人可以在此了解公司状况与目标，也可以撰文表达正能量的观点

表彰表扬

很少有企业把表彰和批评作为一种重要的沟通方式看待。被表彰表扬的同事就是榜样，职场新人可以将他选定为你要超越的标杆

追踪与稽核系统

许多被管理者认为这种方式是一种监督行为，从而对此存在逆反与对抗心理。而实际上，这是一种高层次的沟通方式，职场新人不要抵触

培训

这是最简单也最有功效但费用很大的沟通方式。职场新人参加培训，最低目标是学会或拿到证书，而最高目标是融入小组讨论，积极发言

图3-10　企业纵向沟通机制模型

工具 17

冲突管理法：
价值观不同的抱团合作

职场新人与同事和团队其他成员日常相处时，尽管已经做到遵守会议守则、真心为同事补台、注重沟通技巧等，但如果还是产生了冲突，也不必惊慌。俗话说，"不打不成交"，有冲突不可怕，怕的是你处理不好，造成后续工作的障碍。职场人应知道，"与上级有矛盾"作为职场新人离职的原因比例并不低。

冲突是指人们由于某种抵触或对立状况而感知到的不一致的差异。员工冲突就是由于员工与员工之间、员工与组织之间的目标、认识或情感互不相容或相互排斥而产生的结果。冲突管理是指在一定的团队中对各种不适应、多种矛盾、不同价值观的表现行为等做出的协调与应对。

传统的管理观念认为，冲突是由于管理者管理不当造成的，它妨碍组织的正常运作，造成组织无法获得最佳绩效。然而，当前的冲突管理思想则认为，在任何组织形态下，员工来自四面八方，他们的价值观不同，冲突无法避免。换句话说，并非所有的冲突都是不利的，适当的、良性的冲突是企业进步和发展的积极因素。如果一家企业冲突太少，则会导致员工之间冷漠、互不关心、缺乏创意，从而使企业墨守成规，停滞不前，对革新没有反应，降低了工作效率。

任何一家企业中都存在着合作、竞争与冲突。

1. 合作指的是朝共同目标努力的过程。

2. 竞争指的是目标不兼容，但对某一目标的追求不足以影响另一目标的达成。

3. 冲突泛指各种各样的争议。从实质上讲，冲突是指在既得利益或潜在利益方面不平衡。

冲突管理就是将以上3个方面调整到对企业最有利的局面。冲突管理的前提就是先要认同不同价值观会有不同的行为风格，这是正常现象。所以，职场新人要学会与价值观不同的人相处，如果发生了冲突就要分清冲突的类型，并采用适合的方法去化解。

3.17.1　不同价值观的人的不同行为风格

具有不同价值观的人看待事物和处理事情的方式是不同的，即不同的价值观导致不同的行为风格。价值观与行为风格的对照模型如图3-11所示。

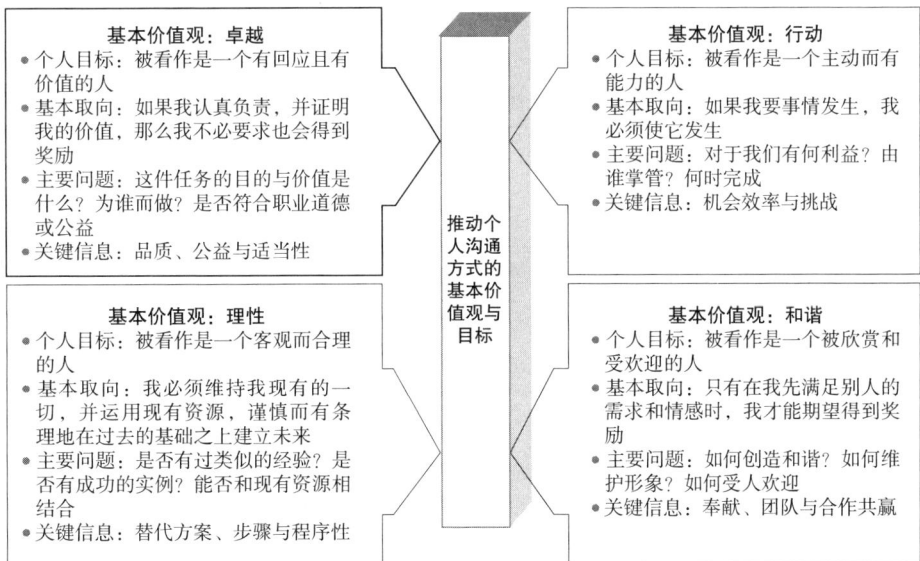

基本价值观：卓越
- 个人目标：被看作是一个有回应且有价值的人
- 基本取向：如果我认真负责，并证明我的价值，那么我不必要求也会得到奖励
- 主要问题：这件任务的目的与价值是什么？为谁而做？是否符合职业道德或公益
- 关键信息：品质、公益与适当性

基本价值观：行动
- 个人目标：被看作是一个主动而有能力的人
- 基本取向：如果我要事情发生，我必须使它发生
- 主要问题：对于我们有何利益？由谁掌管？何时完成
- 关键信息：机会效率与挑战

推动个人沟通方式的基本价值观与目标

基本价值观：理性
- 个人目标：被看作是一个客观而合理的人
- 基本取向：我必须维持我现有的一切，并运用现有资源，谨慎而有条理地在过去的基础之上建立未来
- 主要问题：是否有过类似的经验？是否有成功的实例？能否和现有资源相结合
- 关键信息：替代方案、步骤与程序性

基本价值观：和谐
- 个人目标：被看作是一个被欣赏和受欢迎的人
- 基本取向：只有在我先满足别人的需求和情感时，我才能期望得到奖励
- 主要问题：如何创造和谐？如何维护形象？如何受人欢迎
- 关键信息：奉献、团队与合作共赢

图3-11　价值观与行为风格的对照模型

3.17.2 如何与价值观不同的人相处

既然已经了解了4种价值观不同的人的行为风格，那么水到渠成，我们可以针对性地采用不同的行为方式与不同价值观和行为风格的人好好相处，如表3-7所示。

表3-7 与不同价值观和行为风格的人的相处方式

风格	相处方式
支持/退让（卓越）	强调值得做的理由；用理想化的诉求要求他们协助；诉诸实施，设定高标准表示重视，强调自我发展
掌握/接管（行动）	提供机会，赋予更多责任强调挑战性，提供资源使他们能有所作为，授权与被授权
持稳/固守（理性）	提出低风险的构想；提供分析机会；运用逻辑、数据，以及熟悉度、惯例、结构、标准、规范；找出并阐明新事物和旧事物的关联
顺应/妥协（和谐）	提供与别人共事的机会；采用幽默的诉求方式，让对方知道你高兴；利用多种媒体，提高引人注目的机会

3.17.3 冲突的4种类型与针对性管理

企业中存在的冲突类型主要有4种，如表3-8所示。

表3-8 冲突的4种类型

冲突的类型	表现形式
部门之间的冲突	• 不良的小团体意识引发的冲突 • 团队之间为了实现目标，争夺有限的资源引发的冲突 • 相互之间的竞争引发的冲突 • 不愿与其他团队合作引发的冲突 • 不同的团体文化与价值观引发的冲突

冲突的类型	表现形式
上下级之间的冲突	• 中层与高层之间的冲突 • 上级领导与员工之间的冲突
员工之间的冲突	• 不公平现象引发的冲突 • 员工地位的变化引发的冲突 • 员工个性不同引发的冲突 • 员工个体间认知不同引发的冲突 • 谣言等信息引发的冲突
个人工作与生活的冲突	个人工作与生活之间调节不合理引发的冲突

冲突产生的原因不同，因而在化解时采取的措施也有差异，应选择最适当的解决方案。化解冲突的管理措施如表3-9所示。

表3-9　针对不同原因产生的冲突选择不同的管理措施

引发冲突的不同原因	管理措施
沟通问题	• 和当事人直接沟通，这样有助于防止矛盾进一步激化，也有利于管理者开展管理工作 • 培养沟通能力，有时因为缺乏必要的沟通技巧才使得矛盾激化，因此企业可以为员工开展必要的沟通能力培训
压力问题	• 找到正确的渠道宣泄 • 进行平和舒缓的沟通 • 以健康的方式引导
认识不同	• 运用换位思考法 • 尝试接受他人的看法
职责不清	• 及时进行工作分析，规范、明确各岗位的工作职责 • 完善职能的划分

3.17.4 冲突管理的6种方法

如果某种冲突已经发生，我们就要采取积极的、建设性的措施来处理这些冲突。成功的冲突管理方法必须建立在对工作冲突本身有正确而充分的了解的基础上，要对岗、对事、不对人，要进行换位思考，必要时邀请第三方协助处理。

冲突管理的基本方法有6种，如表3-10所示。

表3-10　冲突管理的6种方法详析

冲突管理的方法	说明
协商法	这是一种最为常用的冲突管理方法，也是很有效的解决方案。当冲突双方势均力敌并且双方的理由都合理时，适合采用此方法
教育法	若冲突是因同事之间一些不切实际的想法而产生的，职场新人要认清现实状况，引导自己也引导他人用正确的方法看待问题、认识问题，进而缓解和解决冲突
拖延法	如果双方的冲突并不是十分严重，并且这些冲突对工作并没有太大的影响，采取拖延法的效果较好。随着时间的推移和环境的变化，随着冲突双方认识的增加和深入，冲突可能会自然消失
和平共处法	如果发生的冲突是良性冲突，则冲突双方应求同存异，学会承认和接受对方的某些特点，君子可以和而不同
转移目标法	若冲突是因为双方的一时冲动引起的，则应采取转移目标的方法去缓解
上级仲裁法	当双方的冲突情况严重，并且冲突的一方明显不讲情理时，可以请上级对争议事项进行仲裁决断。冲突解决后，再在领导主持下双方化解矛盾，避免以后再起冲突

工具 18

决策树法：
我的下一步计划很科学

在企业管理实践中，常遇到的情景是若干个可行性方案制订出来后，企业的内外部环境大部分条件已知，但还存在一些不确定因素。每个方案的执行都可能出现几种结果，各种结果的出现有一定的概率，企业决策存在一定的胜算，也存在一定的风险。这时，决策的标准只能是期望值。针对上述问题，可以选用决策树法来解决。

决策树法是一种常用的风险分析决策方法。该方法是用树形图来描述各方案及其在未来的收益。每个决策或事件（即自然状态）都可能引出两个或多个事件，导致不同的结果，把这种决策分支画成图形很像一棵树的枝干，故称决策树。决策树一般都是自上而下生成的。

决策树法作为一种决策技术，已被广泛地应用于企业的多种运营与管理决策之中。决策树法是随机决策模型中最常见、最普遍的一种决策模式和方法，基本能够有效地控制决策带来的风险。

当然，运用决策树法做出的决策风险更小、更有效。同理，对于职场新人来说，决策树法也是比较有效的方法。所以你可以按照下面操作的3个步骤和运用的5项须知，拿出一个曾经遇到的案例进行绘制与分析。

3.18.1　决策树法操作的3个步骤

决策树法的操作步骤主要分为绘制树形图、计算期望值、剪枝决策3个阶段。

绘制树形图

决策树的构成有4个要素：决策点、方案枝、状态节点和概率枝。以下是决策树图，如图3-12所示。

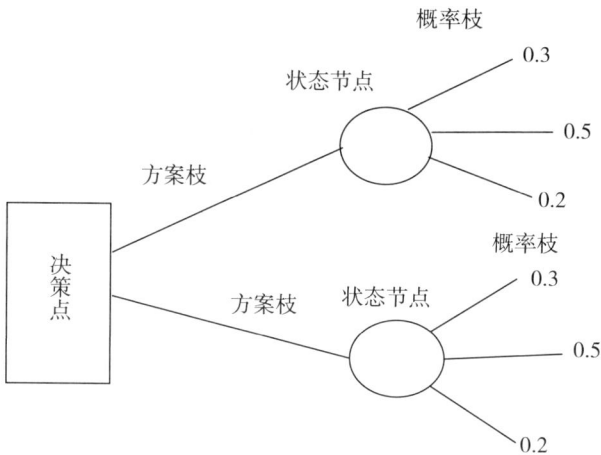

图3-12　决策树图

计算期望值

期望值的计算要由右向左依次进行。首先将每种自然状态的收益值分别乘以各概率枝上的概率，再乘以计算期限，最后将各概率枝的值相加，标于状态节点上。

剪枝决策

比较各方案的期望值。若方案实施有费用发生，应将状态节点减去方案费用后再进行比较。剪掉期望值小的方案，最终只剩下一条贯穿始终的方案枝，它的期望值最大，即最佳方案，将此最大值标于决策点上。

3.18.2 决策树法运用的5项须知

决策树法属于风险型决策方法，在运用过程中要特别注意一些问题。决策树法运用的5项须知如图3-13所示。

1. 具有决策者期望达到的明确目标

2. 存在决策者可以选择的两个以上的可行备选方案

3. 存在决策者无法控制的两种以上的自然状态，如气候变化、市场行情变化、经济发展动向等

4. 不同行动方案在不同自然状态下的收益值或损失值（简称损益值）可以计算出来

5. 决策者能估计出不同的自然状态发生概率

图3-13 决策树法运用的5项须知

04

Chapter

第 **4** 章

画小圈：
追求速胜，小胜收手再去做

作为智慧职场的新人，你必须做到：

1. 把二十多年来压箱底的干货都拿出来；

2. 把个人修炼多年的职业素养都表现出来；

3. 把一段工作后的变化和第一天报到时的状态的对比效果及其改进亮出来；

4. 把自己敢于创新、勇于冒险又脚踏实地的潜力慢慢地、一点点地发挥出来；

…………

新人遇到的问题	智慧解决工具
文笔一般，逻辑不清，表达不通	工具19：信息图形化
不知道原因是什么、结果是什么、先做什么、后做什么	工具20：流程图
重复犯同样的错误，自己对自己"恨铁不成钢"	工具21：PDCA循环
不知道工作怎样才算做好了，不知道标准是什么	工具22：工作评估改善法
老问上一任是怎么做的，"不敢越雷池一步"	工具23：创新能力测评
都是老前辈谁都不敢得罪，在变革中站不好队	工具24：六变革法

工具 19

信息图形化：
工作沟通理清六大关系

一句话如何说，才能让对方理解到位，是一种艺术；一条信息如何呈现，才能让对方容易接受，却是一门技术。

初入职场会接触到形形色色的数据、信息、资料，也需要每时每刻将这些内容传达给他人。而在各种传递方式中，书面方式的职场公文又是必不可少的。但纷繁复杂的文字阅读下来会使人不胜其烦，更不用说快速吸收和准确理解了。而图形以其简洁、生动、形象的特点，往往能够让信息接收者比较容易理解。因此，图形成为职场精英传递信息的最佳表现形式之一。文字和图形两种表现方式的对比效果，如图4-1所示。

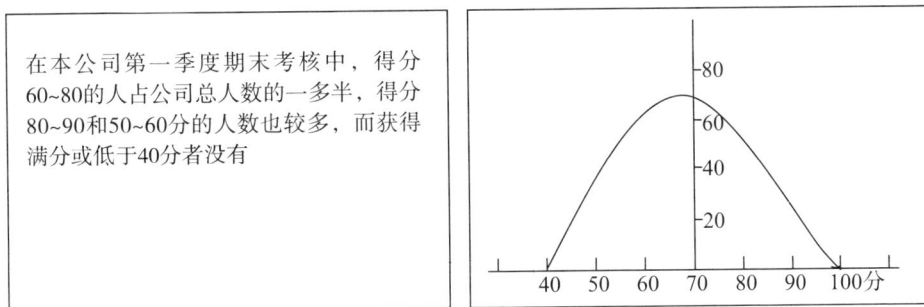

在本公司第一季度期末考核中，得分60~80的人占公司总人数的一多半，得分80~90和50~60分的人数也较多，而获得满分或低于40分者没有

图4-1 文字和图形两种表现方式的对比效果图

无论是说话，还是书面表达图形化，前提和基础都是先理清文字内容的六大关系：递进关系、并列关系、包含关系、总分关系、递延关系和对比关系。下面以其中的三种关系为例进行展示。

4.19.1 递进关系与图形化

在一组信息集合中，如果后一段信息所表达的意思比前一段信息更进一层，或范围更广、程度更深、情况更甚，则可认定为这一组信息之间存在递进关系。例如这条信息：

"销售部今年不但超额完成了销售目标，而且还把明年的销售任务完成了，并且也为后年的销售工作打下了基础。"

"今年销售目标——明年销售任务——后年销售工作"，意思的表达逐层深入，这样就可以根据这种关系做一个递进关系的图形。

当然，递进关系反映的是信息之间随着层级的深入不断加深的关系。因此需要用一个既有层级感又能表示程度加深的图形来表达这种关系。

金字塔式图形，从底部开始，向上收拢，正可以表达逐渐加深的意思，因而可以作为表达这种关系的理想图形。

我们以马斯洛需求模型为例进行说明。马斯洛认为人的需求主要分为五个层次，即生理需求、安全需求、社交需求、尊重需求，以及自我实现需求。越往上，需求的层级越高，也就越难以实现。这五个层级构成了一种递进关系，可以使用金字塔式图形，如图4-2所示。

作为一种递进关系的表示形式，这个金字塔式图形也可以倒置使用。但金字塔表示的各层级信息之间是具有独立性的，比如"安全需求"与"生理需求"虽然在程度上是一种加深，但它们又都是彼此独立的存在。

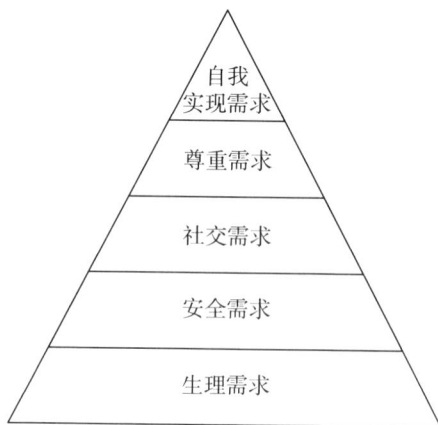

图4-2 马斯洛需求层次理论图形化

4.19.2　并列关系与图形化

在一组信息组合中，如果前后几段信息分别叙述有关联的几件事情或同一事物的几个方面，那么就可以认定这组信息是具有并列关系的。

在很多情况下，并列关系的信息是以列举的形式给出的。例如：

"企业中的分工与协作都是很规范、细致的，有的人负责研发，有的人负责生产，有的人负责销售，有的人负责财务管理，还有的人负责人力资源管理工作，等等。"

当然，并列关系多用来举例或者描述同一事物的几个方面，各个信息要素之间相互独立，没有任何关系。因而在选择描述并列关系的图形时，应注意维持各个要素之间的平行关系。

比较典型的是分条并行式图形，每一个条款彼此无任何关联。一般情况下，这种图形可以根据所列条款的多少任意增删，图形本身没有增减的限制。

如图4-3所示，是以编制报告应注意的问题为例进行说明的。各个问题之间没有任何必然的关联，因此每一个问题都是独立的，在顺序上也可以进行调换，更可以增加或减少条款。

这类图形并没有标准的样式，只要能够准确地表现各个条款之间的关系就可以了。当然，为了更好地表现并列关系，在制作图形时，应尽量保证各个条款整齐，注意框式、线条、背景色。同时，要根据条款的多少拉伸或压缩边框，以保证整个图形的协调与美观。

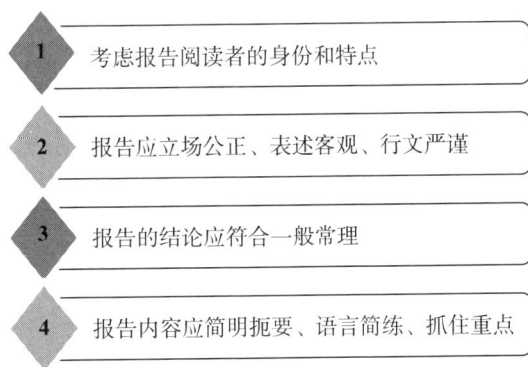

1	考虑报告阅读者的身份和特点
2	报告应立场公正、表述客观、行文严谨
3	报告的结论应符合一般常理
4	报告内容应简明扼要、语言简练、抓住重点

图4-3　编制报告应注意的问题图形化

4.19.3　总分关系与图形化

总分关系是指前一段信息对某一事物概述，后一段或几段信息对这一事物进行分别描述。当然，后几段信息往往构成并列关系。例如这条信息：

"本公司第一季度各项业绩指标全面增长，期初目标超额完成，其中生产效率提高了20%，产量提升了60%，而销售收入则增长了110%。"

在这段信息中，前半句话是对公司各项业绩指标的总体概括，而后面的每一句又都是针对"全面增长"进行的详细说明。同时，生产效率、产量、销售收入三者又构成了并列关系。只是后面在分述时，没有穷尽，也就是说，这几个列举出来的指标只是"各项业绩指标"的一部分。再看一个例子：

"本公司产品在2018年取得了质量与效益的双重提升，一方面是产品合格率达到了99.99%，另一方面是产品成本下降了30%，人工成本下降了5%。"

总分关系反映的是总述与分述的关系。因此，选择描述总分关系的图形必须保证有细分的特征。例如，提升赢利能力的多层总分关系如图4-4所示。

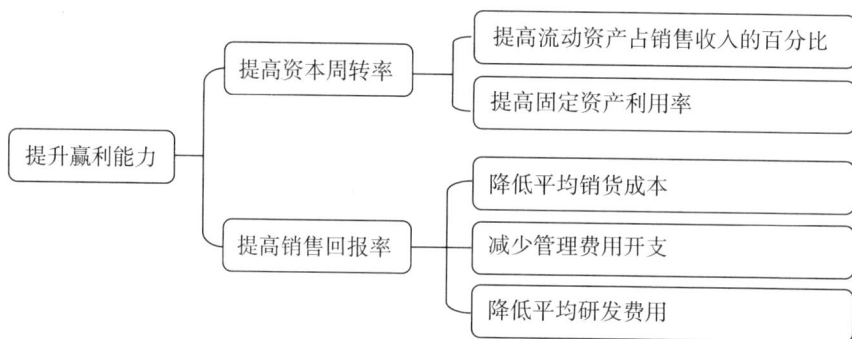

图4-4　提升赢利能力图形化

要提升整体的赢利能力需要做好两件工作：一是提高资本周转率，二是提高销售回报率（这构成了第一层的总分关系）；而提高资本周转率又需要做好两件事：一是提高流动资产占销售收入的百分比，二是提高固定资产利用率（又构成了第二层的总分关系）；等等。

工具20

流程图：
抓关键节点提效率

职场中经常会出现项目目的或执行结果都有两个以上的情形，而要找出产生这种情况的真正原因或有效对策，对职场新人来说是一大挑战。因为，你不知道哪个是因、哪个是果，执行起来要找哪些部门沟通，需要哪些同事配合，做的时候先走哪个环节、哪个步骤……这个时候用流程图来分析和解决问题比用其他工具更方便。

流程图就是明确责任部门或者岗位后，可以直观表现执行工作时的先后顺序、关键节点和工作标准的图形，发挥的就是千言万语不如一张图的作用。流程图解决问题的基本步骤如图4-5所示。

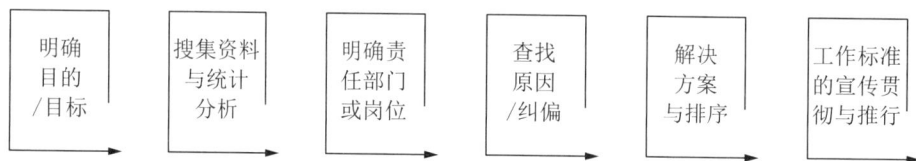

| 明确目的/目标 | → | 搜集资料与统计分析 | → | 明确责任部门或岗位 | → | 查找原因/纠偏 | → | 解决方案与排序 | → | 工作标准的宣传贯彻与推行 |

图4-5　流程图解决问题的6个步骤

所以，通过流程图对前因、后果的深度分析，对先行后做顺序的绘制以及工作标准的明确，你就可以轻松地解决双头、多头或无序的复杂问题了。

4.20.1 流程图绘制标准符号

企业通过管理活动对各项业务的开展进行监督、控制、领导、协调、服务，流程图则具有分配任务、界定人员、启动工作、执行任务、监督任务等功能。

流程图有很多类型，较常用的是矩阵式流程图。这种流程图分成纵向、横向两个方向，纵向表示工作的先后顺序，横向表示承担该项工作的部门和岗位。通过纵、横两个方向坐标的设计，既解决了先做什么后做什么的问题，又解决了各项工作由谁来负责的问题。

美国国家标准学会（ANSI）对矩阵式流程图绘制的标准符号做出了规定，其中常用的绘制符号如图4-6所示。

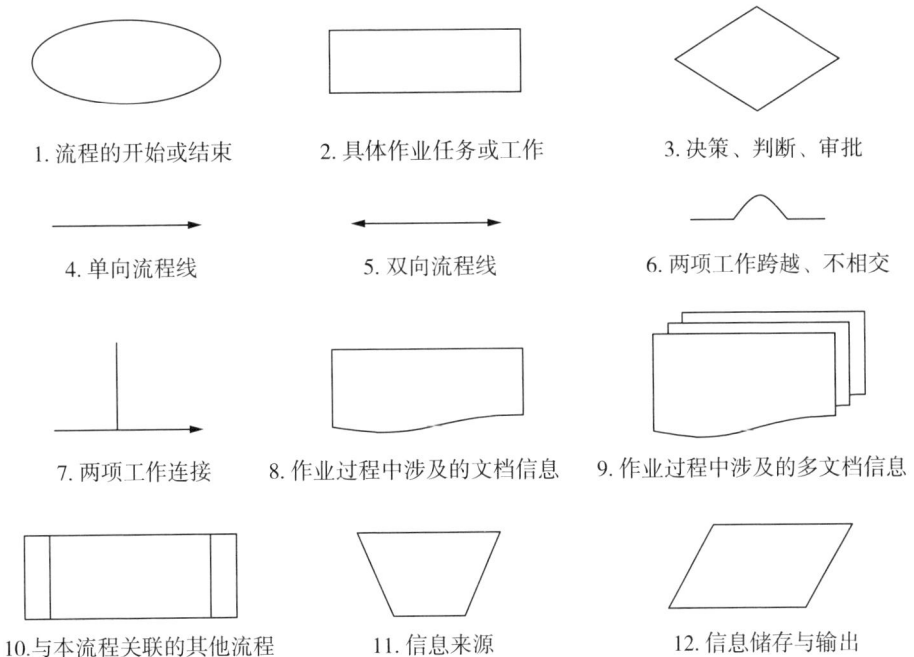

1. 流程的开始或结束   2. 具体作业任务或工作   3. 决策、判断、审批

4. 单向流程线   5. 双向流程线   6. 两项工作跨越、不相交

7. 两项工作连接   8. 作业过程中涉及的文档信息   9. 作业过程中涉及的多文档信息

10. 与本流程关联的其他流程   11. 信息来源   12. 信息储存与输出

图4-6 矩阵式流程图绘制常用符号

4.20.2 会议善后处理工作流程图

下面以会议善后处理工作的流程图为例进行说明，如图4-7所示。

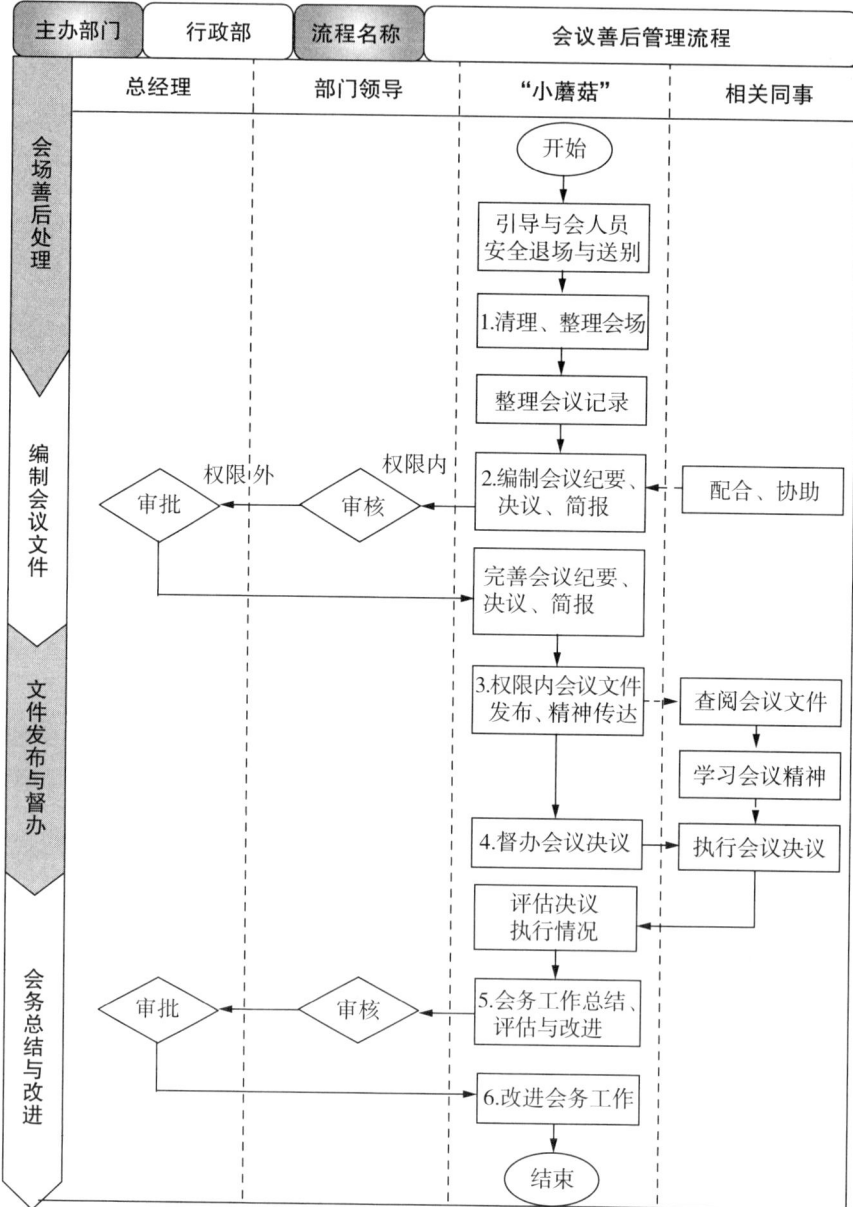

主办部门	行政部	流程名称	会议善后管理流程

图4-7 会议善后处理工作流程图

4.20.3　会议善后处理工作标准

会议善后处理工作标准如表4-1所示。

表4-1　会议善后处理工作标准表

阶段	节点	工作执行标准	执行工具
会场善后处理	1	（1）及时拆除临时性布置、清点设备及用具、恢复桌椅原样、清扫会场、归还设备用品、归还会场钥匙等 （2）根据之前确认的清退文件目录将会议文件收回 （3）保管与会人员个人遗漏物品，公布失物招领	• 会议设备用品列表 • 会议文件资料目录 • 失物招领通知
编制会议文件	2	（1）撰写会议纪要，对会议基本情况和主要精神概括、提炼 （2）根据会议成果编制会议决议，报权限领导审批，决议的编制需要严格按照企业的文书编写格式、规范 （3）会议简报要真实地反映会议情况，文字要简练、篇幅要短小，选择会议中的一些重要问题，其形式比较活泼	• 会议纪要 • 会议决议 • 会议简报
会议文件发布与督办	3	（1）会议文件需要经权限审批人审批后形成正式文件印发，并向权限知情人发布决议事项通知 （2）传达会议精神、内容、程度、范围、层次、时间与方式 （3）会议精神的传达以会议文件为依据，或者制作宣传提纲	• 会议决议 • 会议简报 • 会议决议督办登记簿 • 会议督办报告
	4	（1）在会后对会议议定事项进行督办，落实会议精神 （2）建立督办登记簿，逐项列出检查督办的事项，并由督办人员根据实际情况，定期记载督办事项的进展状况 （3）督办人员可采用口头汇报、书面汇报、专题报告等多种方式定期或不定期向领导反映督办事项的落实情况	

阶段	节点	工作执行标准	执行工具
会务工作总结与改进	5	（1）会议开展后，行政部需要对此次会务工作进行工作总结与评估，提出会务工作改进措施，提交会务总结报告 （2）总结的内容包括对会议准备、会议开展、会中服务、会后处理、会议文件编制、决议督办、会议效果等的评估	• 会务工作总结报告 • 会议效果评估表 • 会议服务调查问卷
	6	（1）制订改进会务工作的行动计划，并及时评估与跟踪 （2）将好的经验与问题解决办法固化下来，修订会议管理制度与工作流程等，完善工作标准	• 会务改进行动计划 • 会议管理制度修订稿 • 会议工作流程修订稿

工具21

PDCA：
闭环循环以免重蹈覆辙

PDCA循环也称戴明环，是可以提高工作效率、持续改进工作效果的好工具。PDCA是英语单词Plan（计划）、Do（执行）、Check（检查）和Act（行动和改进）的第一个字母的组合，PDCA循环就是按照这样的顺序进行改进，并且不停地反复循环的科学程序。

PDCA循环最初是运用于全面质量管理的科学程序。全面质量管理活动的全部过程，就是质量计划的制订及组织实现的全过程，这个过程是按照PDCA循环周而复始地运转的。

1. P（Plan）计划——确定方针和目标，确定活动计划。

2. D（Do）执行——实地去做，实现计划中的内容。

3. C（Check）检查——总结执行的效果，找出执行的问题。

4. A（Action）行动和改进——对检查取得的结果进行处理：对于成功的经验给予肯定并适当推广；对于失败的教训加以总结，以免重蹈覆辙；将未解决的问题放到下一个PDCA循环。

4.21.1　PDCA循环图例及特点

　　PDCA循环图例如图4-8、图4-9、图4-10所示。第一幅图中,这4个阶段缺一不可,先后次序不可颠倒,并紧密衔接,连为一体;第二幅图中,大环带小环,环环相扣,质量持续改进过程从企业整体质量控制到车间操作人员的质量控制,可以理解为质量秩序改进模型在不同层面上的使用;第三幅图中,阶梯式上升的PDCA循环不是在同一水平上循环,而是阶梯式上升,每循环一次,就解决一部分问题,质量得以改进和提升。

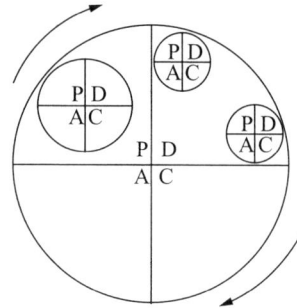

图4-8　PDCA循环顺序图

图4-9　PDCA循环大环套小环环环相扣图

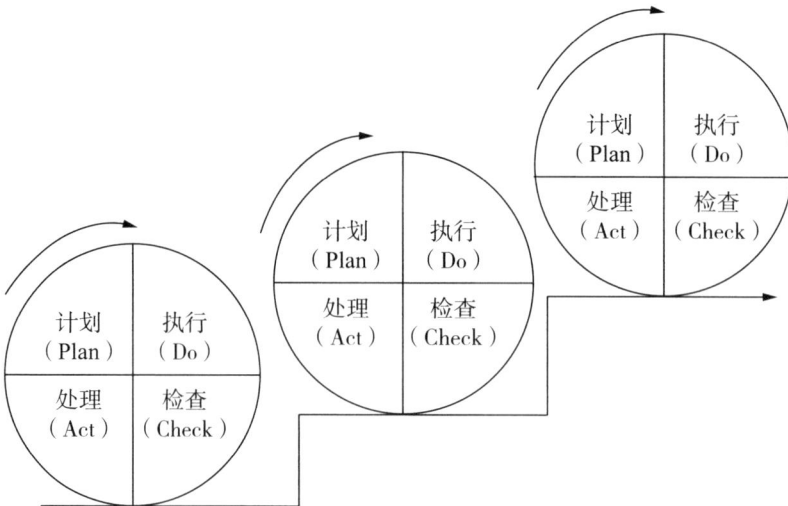

图4-10　PDCA循环的阶梯式上升图

4.21.2 PDCA循环执行程序6个步骤

PDCA循环执行程序包括6个步骤。

1.分析现状，找出需要改进的地方和有关的影响因素。

2.针对主要原因，制订改进措施的计划，该计划应能够回答"5W1H"的问题，如表4-2所示。当然，这个步骤的问题分析也可以用"4W1H"或"6W2H"。

表4-2　5W1H问题

5W	1H
• 为什么制订（Why） • 达到哪些目标（What） • 在哪些方面执行（Where） • 由谁负责完成（Who） • 什么时间完成（When）	• 如何完成（How）

3.执行、实施计划。

4.检查计划的执行效果。

5.总结成功经验，制定相应标准，修改工作规程及其他有关规章制度。

6.在下一个PDCA循环中解决未解决的问题或新出现的问题。

同时，熟练运用PDCA循环后也可能出现一个严重的问题，因为PDCA中不含有激发人创造性的内容，它的整个过程只是让人如何完善现有工作，所以极易导致惯性思维的产生。实践中，习惯了PDCA的职场新人很容易按流程办事，因为没有什么压力让他来实现创造性。

所以，PDCA在运用中的局限性也请职场新人给予足够的重视，应该努力做到既熟练运用PDCA，又改进优化，发挥创新能力并进行变革。

4.21.3 智慧职场案例：4W1H工具运用

另外，运用PDCA还有一个不得不详述的、关键的配套工具，那就是"nWnH"问题的描述，即PDCA循环执行程序6个步骤中的第二个步骤一定要描述清晰。比如，什么事情？什么原因？什么地点？哪个人？怎么办？下面以营销人员运用4W1H工具为例分析如何解决客户投诉、提升业绩，如图4-11所示。

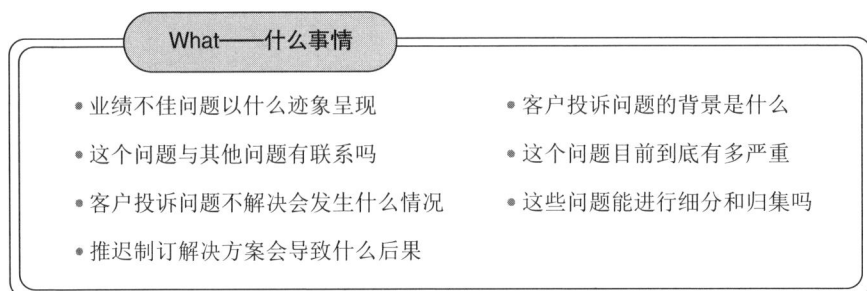

图4-11 What分析

凡是出现的问题都由其诱因所致，营销人员要试图找到问题产生的原因，如图4-12所示。

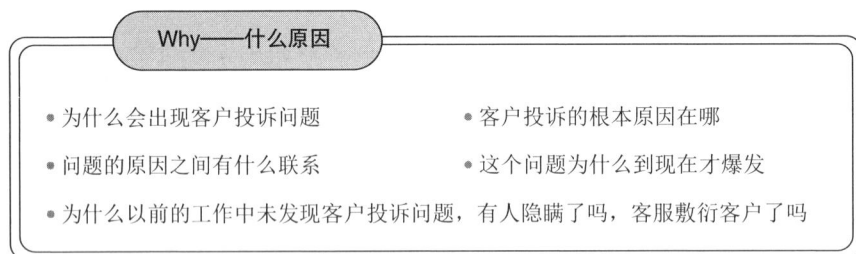

图4-12 Why分析

不同的问题可能发生在同一地方，相同的问题也可能发生在不同的地方，营销人员在解决问题时要找到问题所在之处，如图4-13所示。

```
Where——什么地点

• 问题是在哪里发生的，办公室还是卖场
• 问题在第三方合作伙伴处发生过吗
• 问题是否被限制在一个区域（部门、工作现场）内
• 问题的发生地点分析对解决问题重要吗，或者能够分类处理吗
```

图4-13　Where分析

营销工作的任务被分配到每个营销人员手中，当出现问题时就要找到相关负责人，如图4-14所示。

```
Who——哪个人

• 问题出在谁身上              • 谁要对这个问题负责
• 谁有解决问题的方法          • 谁受问题的影响最大
• 谁可能从解决问题中受益      • 第一个注意到这个问题的人是谁
```

图4-14　Who分析

如何解决是问题处理时需要考虑的关键要素，营销人员可以根据分析结果得出该"怎么办"的解决方案，如图4-15所示。

```
How——怎么办

• 有哪些解决客户投诉问题的方案    • 同类问题通常怎么解决
• 该怎么选择最合适的方案          • 解决方案对业绩提升会产生哪些直接或
                                    间接的影响
```

图4-15　How分析

🌼 加个任务

结合本岗位任务，梳理并找出其中一项重要工作的PDCA循环，并参照上面的模板进行4W1H问题的详细分析。

4.21.4　智慧职场案例：6W2H工具

兰蒙是某公司董事长的助理，由于董事长年事已高，所以她也兼作董事长的生活秘书，管理董事长健康是其工作职责中的一项。

兰蒙通过运用6W2H工具制订了"董事长锻炼身体"的目标，如图4-16所示。

项目	界定	要求	目标制订实例
What	要完成什么目标	明确、数量化	每天散步一次，每次30分钟
When	什么时候完成目标	有时间限制	每天散步一次，每次30分钟，半年后争取血压达到正常值
Where	在什么地点场所达成目标	需要场地	每天到公园散步一次，每次30分钟
Who	促成目标实现的有关人物	帮忙的对象	兰蒙每天督促董事长到公园散步一次，每次30分钟
Why	为什么要这样做	理由正确、充分	为了让董事长拥有一个健康的身体，所以每天兰蒙督促董事长散步一次，每次30分钟
Which	几种方案	有弹性	兰蒙督促董事长每天锻炼身体，散步、爬山或打太极拳，每次30分钟
How	选择什么方法进行，如何去做	有效、高效	兰蒙督促董事长每天坚持锻炼身体，并购买一些关于老年人养生、运动方面的书籍供董事长学习，便于董事长采用正确的方法健身
How much	有多少费用、时间	有预算准备	兰蒙花200元人民币购买了一些关于老年人养生、运动方面的书籍供董事长学习，争取用半年的时间让董事长的身体的各项指标达到正常水平

图4-16　6W2H制订目标实例

工具22

工作评估改善法：
百尺竿头，更进一步

初入职场的新人做工作，都是从没经验、不熟练、越忙越出错，到用心观察、发现问题所在、分析原因，再到逐步改进、完善，最后能够做过的越做越熟练、没做过的也遇到不慌，因为已经摸索出规律，具有"一看就知道如何着手"的能力。在这个过程中，出错并不可怕，怕的是反复犯同样的错误，怕的是不改进。所以，工作评估改善法就有了用武之地。

当然，需要明确的是，在梳理工作评估改善量化评估指标、用工作评估改善信息收集表收集相关信息和设计工作评估改善量化评估表之前，有一项前置的工作要做，那就是先找出并明确你完成工作任务的情况与主管期望的目标之间的差距。这也是需要评估并改善的工作差距所在，即主管期望的工作状况及绩效与职场新人目前实际完成的工作状况及绩效的差距，公式如下：

工作评估改善的差距＝期望的工作状况及绩效－目前的实际工作状况及绩效

工作评估改善差距的直观表示如图4-17所示。

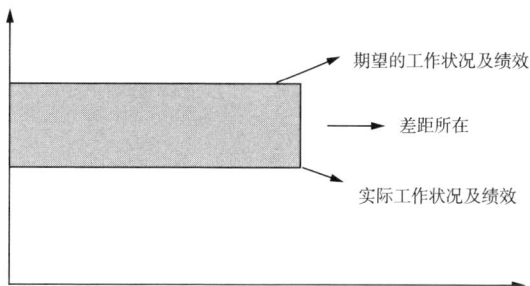

图4-17　工作评估改善差距的示意图

4.22.1　工作评估改善量化评估指标

工作评估改善量化评估，主要是通过对培训前、培训后受训人员的业绩变化进行量化分析从而得出结论。下面从工作评估改善量化评估指标，以及工作评估改善量化评估工具两个方面，对该评估方法进行说明。

针对职场新人的量化评估指标设计，以行政、生产、销售、财务岗位人员为例，如图4-18所示。

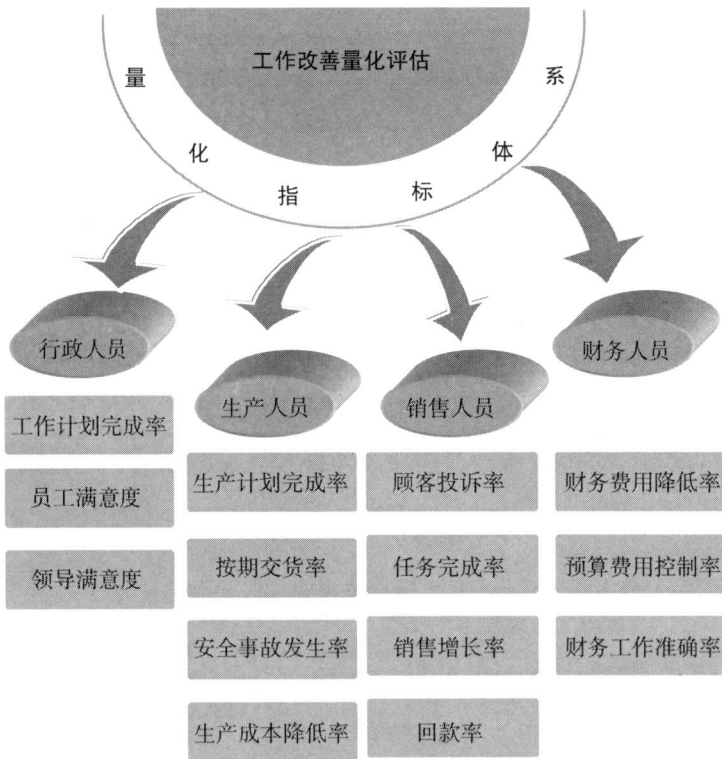

注：由于外部因素变化导致的指标变化不在此评估范围内。

图4-18　部分工作岗位的工作评估改善量化评估指标

4.22.2 工作评估改善信息收集表

获取工作评估改善信息是进行工作评估改善的基础，工作评估改善信息可以通过观察法、问卷调查法、面谈法等多种方法得到。无论使用哪种方法，都需要配合信息收集表，如表4-3所示。

表4-3 工作评估改善信息收集表

评估对象		信息收集时间		
收集人		审核人		
评估内容	指标	数据内容	数据来源	工作评估改善关键点
备注				

工作评估改善的7步流程，如图4-19所示。

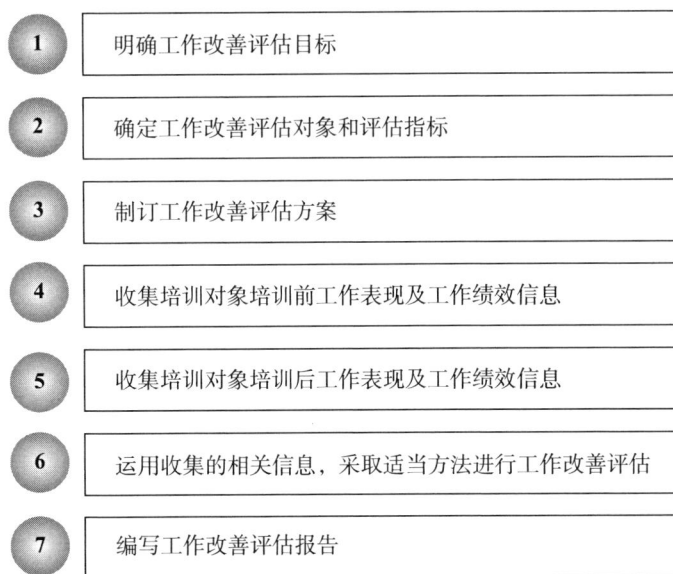

图4-19 工作评估改善的7步流程

4.22.3　工作评估改善量化评估表

工作评估改善量化评估表是进行工作评估改善量化评估的常用工具之一。具体示例如表4-4所示。

表4-4　工作评估改善量化评估表

项目名称		项目实施时间	
评估对象		评估对象所在部门	
岗位名称		评估时间	
评估人		审核人	
评估项目	量化指标	培训前数据	培训后数据
数据相关说明	需要说明的内容应包括： 1. 培训前/后数据各指哪个阶段的数据 2. 数据的其他影响因素		
评估人意见及签章	（签章）　　　日期：_____年_____月_____日		
审核人意见及签章	（签章）　　　日期：_____年_____月_____日		

工具 23

创新能力测评：
我的想象力爆棚

创新能力，是指职场精英在创造性思维方面自身所具有的主观条件，是内在的基本素质，是主观能动性在创造性活动中的具体体现。

创新能力强调三方面的内容，即创新活动是在前人知识经验的基础上进行的；通过自己的努力实现创新；创造性地提出有经济效益的改进、变革方案。

职场新人在工作中要有想象力，要具备想象思维。想象思维，是人脑通过形象化的概括对脑内已有的记忆表象进行加工、改造或重组的思维活动，是人脑借助表象进行加工操作的最主要的形式。

爱因斯坦说："想象力比知识更重要，因为知识是有限的，而想象力概括着世界上的一切，推动着进步，并且是知识进化的源泉。严格地说，想象力是科学研究中的实在因素。"

巴甫洛夫说："鸟儿要飞翔，必须借助于空气与翅膀，科学家要有所创造，必须占有事实和展开想象。"

大哲学家康德说："想象力是一个创造性的认识功能，它能从真实的自然界中创造一个相似的自然界。"

那么，职场新人如何发挥自己的想象力呢？来看德国一位著名学者的体验："眺望风景，仰望天空，观察云彩，常常坐着或躺着，什么事也不做。只有静下来思考，让幻想力毫无拘束地奔驰，才会有冲动。否则任何工作都会失去目标，变得烦琐而空洞。"

4.23.1 创新能力自测问卷

如表4-5所示，本测试问卷适用于职场新人进行个人创新能力的自我测评，通过测试评估自我创新能力大小，找到提高创新能力的方法。本测试问卷分为两个部分，共计20道题目，每个题目有2个选项，简单、有效，请如实作答！

表4-5 创新能力自测问卷

A部分：你解决问题的途径		
问题	自我评价	
1. 当我遇见问题时，我大胆思考，寻找解决的最佳方案	□ 是	□ 否
2. 我并不害怕被发现与别人有所不同	□ 是	□ 否
3. 我被自由思考的人激励	□ 是	□ 否
4. 我发现洞悉未来很容易	□ 是	□ 否
5. 我很容易产生解决问题的新创意	□ 是	□ 否
6. 我喜欢我的生活按部就班	□ 是	□ 否
7. 我工作时注意细节	□ 是	□ 否
8. 在做决定之前我衡量所有的事实	□ 是	□ 否
9. 我不喜欢认识新的朋友或者去我不熟悉的地方	□ 是	□ 否
10. 在开始做一件事情之前，我喜欢阅读指南	□ 是	□ 否
B部分：你的团队创新环境		
1. 在工作中，我被鼓励产生新创意	自我评价	
2. 我能向我的上级领导表达我的感受	□ 是	□ 否
3. 当人们遇到问题时，就向其他人寻求帮助，这种帮助是无偿的	□ 是	□ 否
4. 问题在发生的时候就着手解决	□ 是	□ 否
5. 我的组织对创新有一个很完整的跟踪记录	□ 是	□ 否
6. 所有的建议必须被书面评判	□ 是	□ 否
7. 同样的问题在工作中一次又一次地出现	□ 是	□ 否
8. 我的权限被严格限定	□ 是	□ 否
9. 组织喜欢墨守成规	□ 是	□ 否
10. 一个创意是否被接受取决于创意者在组织中的地位	□ 是	□ 否

4.23.2 评分方法及点评

A部分和B部分的评分方法如下，按计分方法汇总你在A部分和B部分的得分。

问题1~5：是＝4分，否＝2分

问题6~10：是＝2分，否＝4分

A部分总得分：＿＿＿＿＿＿＿

B部分总得分：＿＿＿＿＿＿＿

根据得分，找到适合你的关于创新能力的评价，如表4-6所示。

表4-6　创新能力自测评分及点评

得分评价			
A部分	高分	30~40	你是一个有较高创新能力的人。在创新能力解决问题的过程中，你是非常有价值的创意之源
	中等分	20~29	你有创造潜能，但你倾向于分析性和系统性，因此阻碍了你的创造潜能的发挥
	低分	2~19	你的创造潜能被熟悉的环境、习惯和秩序所抑制，如果放开手脚，你将对自己释放的创新能力感到惊讶
B部分	高分	30~40	你工作在一个鼓励创造和发明的环境中，你将有机会发挥你的创造潜能
	中等分	20~29	在你的工作环境中发挥创新能力有时可能会比较困难，这也许会阻碍你解决问题
	低分	2~19	你的工作环境不鼓励创新，墨守成规和拒绝风险成为优先选项，这可能会阻碍创意产生，导致失败感
A部分与B部分比较	A部分高分或中等分	B部分中等分或低分	你的创新能力受到阻碍和压抑，你可能正在体验挫折
	A部分中等分或低分	B部分高分或中等分	你的工作环境支持你采取更具创造性的途径，你可以同其他更具有创新能力的人结成同盟，激励你自己找到最佳的问题解决方案

4.23.3 智慧职场案例：创新案例分析

李云是大四的学生，她打算毕业后自己去创业。在众多创业项目中，她看到学校附近一家服装店里的商品物美价廉，生意不错，所以她决定开个女装店。后来她看到学校对面有几家首饰店好像生意也很好，她也想开家首饰店。快毕业了，她又看见有个美容中心SPA生意挺红火……思前想后，李云自己也不知道到底应该选择哪个创业项目了。

同班同学李云博则不同，他目标很坚定：毕业后先就业，再择业。初入职场的李云博很努力，早出晚归，主管让干什么就干什么，让怎么做就怎么做，从不打折扣。但是在转正面谈和半年度绩效沟通时还是受到了主管的批评。

"你工作挺认真的，进度也不慢，就是太没有自己的主见了，做现在的行政工作还可以，但如果做市场或者研发工作可能做不来。你先转正吧，继续加油。"

"你这份市场调研报告虽然完成了，字数够了，今年的数据也更新了，但是没有什么新意，模板用的也是去年的。我又改了改，你学习一下吧。"

"办公用品采购，之前的供应商没问题，但是，你看看网络上是否还有些APP应用价格更优、质量更好？年轻人，不要死脑筋好吗？"

…………

可见，无论是创业还是在职场工作，都不要随波逐流、按部就班，要具有创新能力。但是，为什么两位主人公都遇到了无法跨越的难题呢？因为他们对培养创新能力方面的5个问题还不够重视。

1. 什么是创新，如何增强创新意识？

2. 什么是创新能力，有什么特点？

3. 如何培养思维创新能力？

4. 如何培养方法创新能力？

5. 如何排除创新的障碍并找到合适的对策？

4.23.4 创新的4个障碍及对策

你的创新能力如何？如果暂时还不具备较强的创新能力，一般可能面临4个障碍，一起看看并且找找对策吧！

障碍1：思维定式

思维定式就是按照积累的经验教训和固化的做事习惯，在反复使用中所形成的比较稳定的、定型化了的思考路线、方式、程序、模式。过去的思维影响当前的思维，形成了固定的思维模式。

思维定式容易使人产生思想上的惯性，养成一种呆板、机械、千篇一律的思考习惯。当新旧问题形似质异时，思维定式往往会使人走入误区。当一个问题的条件发生质的变化时，思维定式会使解题者墨守成规，难以涌出新思维，做出新决策，造成知识和经验的负迁移。只有打破思维定式，走出固化思维的框架，才能产生创新的思维和解决问题的方法。

障碍2：盲从权威

权威，是任何时代、任何社会都实际存在的现象，人们对权威普遍怀有尊崇之情，然而这种尊崇常常演变成无原则的盲从。尤其是在团队作战中，职场新人习惯于屈从领导或前辈的观点，当发现自己的想法与其不一致时，就放弃坚持，想当然地认为自己必错无疑。

从创新的角度来说，权威定势是障碍。在需要推陈出新的时候，人们往往很难突破权威的束缚，有意或无意跟随权威提出的想法，被权威牵着鼻子走。团队成员应该尊重权威，但不能迷信权威，应保持头脑的灵活和思维的创新，只要经过充分论证，就要敢于挑战权威。

障碍3：从众心理

从众心理是指一种跟随大众的心态，不敢提出不同意见和想法，欲与团队中的多数人保持一致的意见。职场新人以为这样少数服从多数，就会站对队，或者寄希望于法不责众。

障碍4：文化雷同

文化雷同的现象，即一味地模仿甚至全盘照搬外来的文化，使本企业、团队的文化成为千篇一律的口号和毫无意义的空话。

职场新人来自四面八方，或者在不同国家留学深造过，已经适应其中一种文化。当来到新的职场环境，只有通过引进、扬弃、创新等方式，把外来先进的文化吸收进来并根据自身的情况加以融合，才能形成具有自身特色的创新精神，所谓变革才有根基可言。

工具24

六变革法：
看我72变

六变革法（Six Change Approaches）是由世界领导与变革领域的权威、哈佛商学院终身教授约翰·科特（John P. Kotter）和施勒辛格（Schlesinger）提出的。六变革法是基于"强调参与和交互"的管理方法，该方法的目的在于预防、减少和弱化组织内部的变革阻力。

任何变更都有其特定的背景，因而采取的应对措施也不尽相同。这个过程可能存在各种阻碍，需要不断评估与修正，结合特定的环境，分析这些外部因素并由此发现需要进行的变更及对变更的反馈，从而预估变更产生的影响，以及引发某种变化而要采取的行动。分析原因，采取对策，从而完成变革，实现创新、创造。六变革法的模型如图4-20所示。

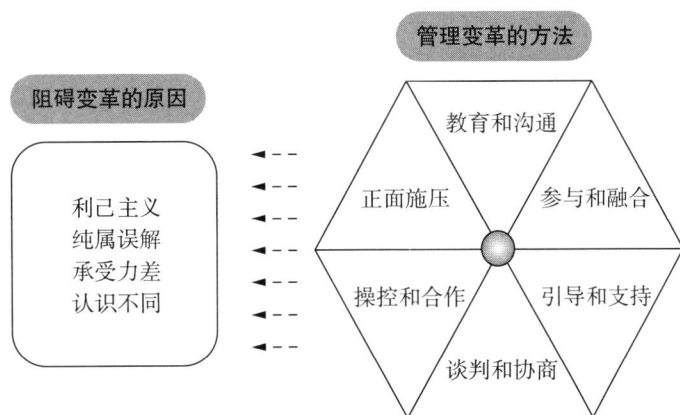

图4-20　六变革法模型

4.24.1 阻碍变革的4种原因

导致某些人阻碍变革的原因主要有4种。

利己主义

有些人只会考虑变革对自己或自己的利益有什么影响,而不去考虑变革对于企业的发展会产生什么影响。比如,有些人在你想改变现状时会说"刚来没几天就想在老板面前表现表现呀!还是省省吧。"

纯属误解

有些人对信息了解不全面,从而造成沟通出现问题,进而对变革产生误解。比如,直接主管会误认为,你刚来没多久就想反驳领导、改变固有的工作氛围,难道是想取而代之吗?

承受力差

有些人在安全、稳定的工作环境中感觉非常舒适,害怕变革后会打破这种舒适。比如,根据企业战略规划,两个部门打算合并,而你担心与新领导、新同事相处不好;公司请来第三方管理咨询专家项目组重新调整薪资结构,你不敢提出任何意见或建议,问来问去只有一句话"我觉得现在挺好的";领导鼓励你竞聘新成立部门的主管岗位,你谦虚地说"我还不够格呢,再修炼几年吧",其实是心里对于开展挑战性工作还没有信心……

要知道,所谓变革就是要跳出"温水煮蛙"的现状,就是要考验你有没有能力承受改变带来的"不一定更好"的结果。

认识不同

有些人可能不赞同你提出来的变革原因,或者不赞同你所强调的变革利弊。你支持领导的变革,明白领导的意图,举双手赞成变革,也可能有的同事马上会说"不要这样,谁说得多、干得多,谁落的埋怨也多。现在挺好的，你是新人，千万别跟着搞新花招"。

其实，这真的是为公司发展好吗？认识不同很正常，只要你认准的目标就行动，只要你确认正确的就提出，只要你赞同的就支持到底。求大同存小异，不要被他人的观点所左右，要有自己的主见、原则和底线。

4.24.2 促进变革的6种方法

促进变革主要有6种方法。

教育和沟通

教育和沟通适用于信息缺乏、信息不对称，或者对变革缺少集体讨论的时候。在变革之前对领导和同事进行宣传，让大家看到变化后的益处。当然，前提是你自己首先要理解变革的逻辑性和合理性，认识变革的重要性和大趋势，从而减少关于变革的各种不实谣言。

参与和融合

参与和融合，适用于发动变革的管理者缺乏设计变革的必要信息，以及同事阻挠力量较大时。当大家融入变革活动中时，他们更有可能去顺应变革、参与变革，而不是阻挡变革。这一方法对于赢得那些一直对变革保持沉默的同事的支持非常管用。

引导和支持

引导和支持适用于变革过程中各种变化引发大家阻挠的时候。别人之所以害怕变革、阻挠变革，是因为他们认为变革会为自己带来负面影响。如果赞同变革的力量能够为大家提供相关培训和咨询服务，帮助他们解除担忧和焦虑，便能够有效化解阻力。

谈判和协商

谈判和协商，适用于变革使部分同事或部门利益受损，故阻力相当大的时候。谈判和协商是共赢的过程，变革者适当调整原来的变革方案，或是给予他人一定程度的激励，可以使那些人减少甚至放弃抗拒；还可以征得领导的同意，通过经济补偿等方式让那些反对变革的人离开公司。

操控和合作

操控和合作，适用于上面的方法都不见效或变革成本太高时。变革者可以让阻挠变革的同事选派代表进入变革项目团队，给予他们一定权限的决策权力，这样就能够使变革的阻力变小。但如果对方因为决策权限太小而感觉被耍弄，就会产生更大的抵触情绪，从而使阻力变得更大。

正面施压

正面施压适用于变革已刻不容缓之时，且最好作为其他办法均无效果时使用的最后一招。这时，变革者可以明确或含蓄地向反对变革的同事施加压力，告知如果他们不接受变革，将会为此承担责任并受到严厉处罚。

最后，如果实在推行不了你的变革，你就只有自己进行改变了！

4.24.3 变革实施过程模型

变革必须在绝大多数人的支持下才能顺利进行，所以必须有效化解变革阻力。任何变革都有其特定的背景，因而采取的应对措施也不尽相同。变革实施的过程如图4-21所示。

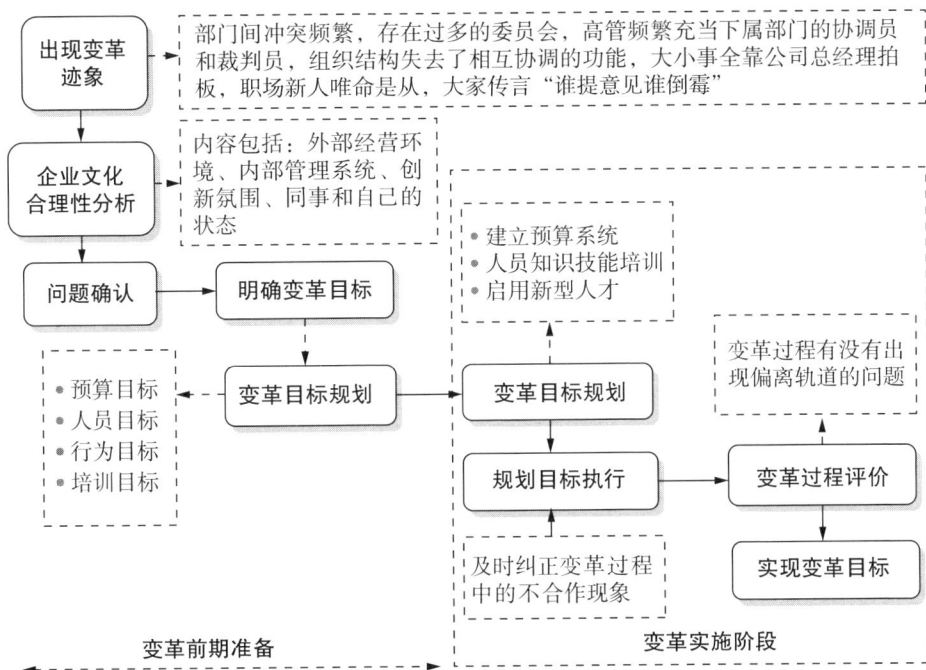

| | 部门间冲突频繁，存在过多的委员会，高管频繁充当下属部门的协调员和裁判员，组织结构失去了相互协调的功能，大小事全靠公司总经理拍板，职场新人唯命是从，大家传言"谁提意见谁倒霉" |

图4-21　变革实施过程模型

🌹 加个任务

问题：今天的你与昨天的自己比较有什么不同吗？或者换一种问法，你认为你今天比昨天进步了一点儿吗？拿出证据来。

执行：拿出你的小账本，记录一下，今天有没有以下几种情况中的一种出现过？

1. 我学会修理打印机卡纸的故障了。

2. 我在转正述职会上的表现打分最高，确定的工资比预期转正工资高20%。

3. 我参与研发会议，提出了三条新产品模型改进的小建议，竟然被采纳了两条。

4. 我发起了"低碳环保高效运用二手纸"的活动，得到了许多同事的认同和签字。

…………

05

第 5 章

真正纯粹:
抓住一个点，一针捅破天

新人刚刚进入职场，初来乍到，如果得到"贵人"相助、师傅指路或者领导提携当然好，你一定可以比你的同学少奋斗几年，更早取得大的成绩。但是，问题在于不是每个人都有那么好的运气，你不能强迫要求企业实行"师徒制"或者"老人带新人"，你不能什么都不做在那儿等着，你不能守株待兔，你不能靠赌博心态混迹职场。

职场生存指望别人似乎遥遥无期，因此不妨把"贵人"们当作"锦上添花"，而"雪中送炭"的事还是要靠我们自己去做。我们一点一点、一步一步、厚积薄发，把自己修炼成"复合型人才""斜杠青年""跨界精英"。

新人遇到的问题	智慧解决工具
不注重细节，或者更准确地说，是检查不出漏洞、隐患	工具25：查检表法
像坐井观天、温水煮蛙一样，思维受限，看不清对错	工具26：是/非矩阵
眼睛看到的不一定是事实，耳朵听到的不一定是真相	工具27：关联图
北宋释道原的《景德传灯录》中有曰："莫一似落汤螃蟹，手忙脚乱"	工具28：业务流程再造
只知其一，不知其二，没听说过"建构"，也不懂"解构"	工具29：系统思考法
不懂发散式、水平式、建设性思考，"不撞南墙不回头"	工具30：六顶思考帽

工具25

查检表法：
职场新人的备忘录

查检表即备忘录，就是将要进行查看的工作项目一项一项地整理出来，然后对照岗位职责说明书、作业指导书或者工作标准，进行定期或不定期的检查。

换句话说，查检表就是将原始搜集到的数据用容易了解的方式做成图示或表格，并记上检查记号，加以统计整理，作进一步分析或核对检查之用。这特别像我们小时候选班委的过程，用"正"字笔画"一""丨"来统计数字，最后公布选举结果。

查检表主要分为两大类型，如图5-1所示。

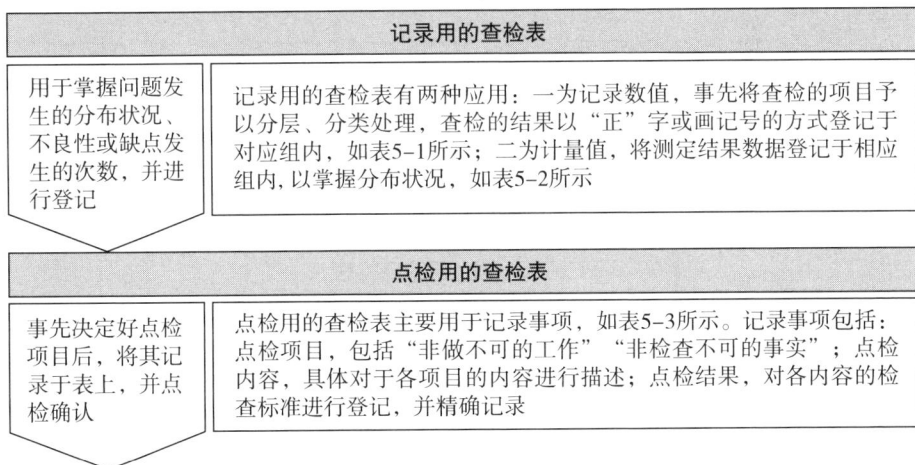

记录用的查检表	
用于掌握问题发生的分布状况、不良性或缺点发生的次数，并进行登记	记录用的查检表有两种应用：一为记录数值，事先将查检的项目予以分层、分类处理，查检的结果以"正"字或画记号的方式登记于对应组内，如表5-1所示；二为计量值，将测定结果数据登记于相应组内，以掌握分布状况，如表5-2所示

点检用的查检表	
事先决定好点检项目后，将其记录于表上，并点检确认	点检用的查检表主要用于记录事项，如表5-3所示。记录事项包括：点检项目，包括"非做不可的工作""非检查不可的事实"；点检内容，具体对于各项目的内容进行描述；点检结果，对各内容的检查标准进行登记，并精确记录

图5-1　查检表的两大类型

5.25.1　查检表法的3个表单

记录用和点检用的查检表，如表5-1、表5-2、表5-3所示。

表5-1　记录数值的查检表

月份 品种 原因	1			2			3			4			5		
	A	B	C	A	B	C	A	B	C	A	B	C	A	B	C
原因1	×	×	×	×	×	×	×	×	×	×	×	×	×	×	×
原因2	×	×	×	×	×	×	×	×	×	×	×	×	×	×	×
原因3	×	×	×	×	×	×	×	×	×	×	×	×	×	×	×
合计	×	×	×	×	×	×	×	×	×	×	×	×	×	×	×
总销量	×	×	×	×	×	×	×	×	×	×	×	×	×	×	×
退货率	×	×	×	×	×	×	×	×	×	×	×	×	×	×	×

表5-2　计量值的查检表

组界	次数分配表	合计
1.06 ~ 1.46	‖	2
1.46 ~ 1.86	卌　‖	7
1.86 ~ -2.26	卌　卌　‖	12
2.26 ~ 2.66	卌　‖‖	9
2.66 ~ 3.06	卌	5

表5-3　点检用的查检表

顺序	点检项目	结果
1	项目1	√
2	项目2	×
3	项目3	√
4	项目4	√

5.25.2 奥斯本检核表法

奥斯本检核表法，与查检表法类似，强调对工作现状一项一项、一条一条地对照、检查。同时，奥斯本检核表法也是一种产生创意的方法，可以引导职场新人根据检核项目问题一条条地求解思路，以实现比较周全的思考，输出可行性的执行方案。

奥斯本检核表法的核心是改进，通过创新和变革来改进。其基本做法是：首先选定一个要改进的产品或方案；然后面对一个需要改进的产品或方案，或者面对一个问题，从各种不同的角度提出一系列的解决思路或创意；第三，根据第二步提出的思路进行筛选和进一步思考，并完善执行方案。

检核过程有四大注意事项。

1. 要联系实际一条一条地进行检核，不要有遗漏。

2. 多检核几遍，效果会更好，因为重复、反复会使我们深入了解一个事物，更可能发现表象背后深层次的东西。

3. 在检核每项内容时，要尽可能地发挥自己的想象力和联想力，产生更多的创造性设想。进行检索思考时，可以将每类问题汇总、比对，作为一种单独的创新方法来运用。

4. 在检核方式的选择上，可根据需要，一人检核，或3～8人共同检核。集体检核可以互相激励，运用头脑风暴法效果更好。

5.25.3 智慧职场案例：奥斯本检核表法应用

奥斯本检核表法，可以引导职场新人在工作过程中对照9个方面的问题进行思考，以便启迪思路，开拓思维想象的空间，促进新设想、新方案、新方法的落地。这9个问题分别是：有无其他用途、能否借用、能否改变、能否扩大、能否缩小、能否代用、能否重新调整、能否颠倒、能否组合。

如表5-4所示为通用汽车公司和日本明治大学的川口寅之助个人在工作实践中的奥斯本检核表运用案例。

表5-4　通用汽车公司和川口寅之助个人运用奥斯本检核表法的实践

通用汽车公司的实践	川口寅之助的个人实践
为了提高效率，还能利用其他机械吗	能否节约原料？最好是既不降低标准，又能节约
现在使用的机器、设备有无改进的余地	在生产操作过程中，有没有由于某个流程或环节的存在而带来干扰的情境
改变滑板、传送装置等搬运设备的位置或设置顺序，能否改善操作	能否回收和最有效地利用废品或下脚料，能否使之变成其他类型的具有商业价值的产品
为了同时进行各种操作，还能使用某些特殊的工具或夹具吗	生产产品所用的零件能否采用市场上统一规格的原材料或者公司库存
改变操作顺序能否提高零部件的质量	将节约人工费的自动化和手工操作进行比较，预测其利害得失
还能用更便宜的材料代替目前的材料吗	性能与价格有何关系，能否把金属改换成塑料
改变一下材料的切削方法，还能更经济地利用材料或辅料吗	产品设计能否简化？从性能上看有无过度美好或加工过分之处
还能使操作更安全吗	生产流程有无浪费的地方和可节省的空间
还能删掉无用的繁文缛节吗	零件是从外部订购合适，还是公司自制合适
现在的操作还能更经济性吗	按商品的强度计算，考虑能否进一步节约材料

工具26

是/非矩阵：
分清对与错

据调查，在世界500强企业里，很多职业经理人都习惯用是/非矩阵查找工作中遇到的问题，并进行针对性的高效解决。其中，全球四大石油化工公司之一的道达尔公司（Total）的经理们就是实践这个工具的典型代表。

当经理人需要找出一件事情发生的源头，尤其是在一团乱麻之中找到真正的原因的时候，就会想到用是/非矩阵，而且这种工作习惯已经成为职业经理们不成文的共识。

是/非矩阵就是用来确定从哪里开始查找原因，以及怎样才能找到真正的原因的工具。具体怎么做呢？即在纵向上进行问题陈述，类似于6W2H方法，剥离一件事情的时间、地点、相关人员和对象，来缩小对影响因素的调查范围；在横向上用"是""非""区别"3个维度，来排除非影响因素（即"非"），确定真正的导火索（即"是"）。

是/非矩阵针对职场新人在工作中遇到的难题，尤其是当"丈二和尚摸不着头脑"的时候最有效。所以，职场新人遇到问题不要慌，更不要怕，这时候恰恰是你能力提升的机会。

5.26.1 是/非矩阵模型

是/非矩阵适用于从众多原因中找出真正原因的情况。是/非矩阵模型如表5-5所示。

表5-5 是/非矩阵模型

问题陈述	是 （发生了什么）	非 （可能发生而 没有发生）	区别 （不同或 异常之处）
影响对象是什么，发生了什么情况			
问题发生的时间 什么时间，多长时间 什么先发生，什么后发生 与其他事情的关系（之前、期间、之后）			
问题发生的地点 地理位置/物理位置/具体位置 发生的地点重要吗 可能在其他地点发生吗			
问题的范围 问题有多少 问题的严重程度有多大 问题是否被限制在了某一范围内			
问题涉及谁 谁拥有这一问题 谁引发了这一问题 谁第一个注意到这一问题			

5.26.2 是/非矩阵的实施流程

实施是/非矩阵的流程有如下6个步骤。

1. 清楚地描述问题，使上级领导、主管或同事们明白问题到底是什么。

2. 确定发生了什么情况（事实），并写到矩阵中"是"的那一列。

（1）确定被影响的对象是什么及发生了什么事实，描述尽可能要详细。

（2）确定问题发生的时间。问题发生在什么时间？发生了多长时间？什么情况是先发生的？什么是后发生的？与其他事情有什么关联之处？是在该事情之前还是期间或之后发生的？

（3）确定问题发生的地点。地点可以是地理位置（卖场/生产车间）、物理位置（促销柜台/办公室）、具体位置（某产品的促销柜台/某部门办公室）。

（4）确定问题的范围。问题有多少？哪些事物上存在着问题？问题是否被限制在了某一范围内？问题的严重程度有多大？

（5）确定问题涉及谁。谁拥有该问题？谁引发了该问题？谁第一个注意到该问题？需要申明，这不是为了追究责任，而是为了找到问题发生的真正原因。

3. 确定可能发生而没有发生的情况，也按照对象、时间、地点、波及的范围和相关人员这个先后顺序逐一填写。

4. 对比"是"和"非"两列内容，找出两者不同或异常之处，并记于"区别"列。

5. 对每个不同点进行差异化分析。探询这个不同点能否引发事情的变化，从而导致问题的产生，并尝试把所有可能引起事情发生的影响因素写出来。

6. 最后确定可能性最大的那个原因，并验证其是否正确。如果正确，则从其入手寻找解决问题或者防止问题再次发生的有效方案；如果不正确，循环上述步骤，直至找出真正的原因。

🍄 加个任务

真刀实枪地拿出你在工作中遇到的一个难题，使用表5-5的是/非矩阵模型，遵循实施流程的6个步骤，写一个实践型的是/非矩阵模型。

工具 27

关联图：
刨根问底，标本兼治

W.I.B.贝弗里奇在其《科学研究的艺术》一书中这样来解释惯性思维："我们的思想多次采取特定的一种思路，下一次采取同样思路的可能性就大。在一连串的思想中，一个个观念之间形成了联系，这种联系每利用一次，就变得越加牢固，直到最后，这种联系紧紧地建立起来，以至于它们的连接很难破坏。正像形成条件反射一样，思考受到了条件的限制。我们很可能具备足够的资料来解决问题，然而一旦采用了一种不利的思路，问题考虑得越多，采取有利思路的可能性就越小。"

关联图就是把现象与问题放到一起，通过连线找到"现象—问题产生"过程中各种影响要素和相关资料，从而进一步抓住重点、寻求解决对策的工具。

职场新人初来乍到，眼睛看到的、耳朵听到的不一定是真相，往往是没有看到、没有听到的才是职场真实的本质。此时，不要急于发表自己的见解，不要急于做出重大决策，不要急于肯定或否定某位同事；你可以借助关联图。

从问题解决的角度说，关联图就是解决内外关系、影响因素、原因与结果、目的与手段之间单一或者多个错综复杂问题的图形。职场新人可以根据图形中的逻辑关系快速厘清复杂问题，整理成说明情况或工作汇报的资料。

从绘制上来说，关联图就是用圆圈表示存在的问题、因素、项目、手段，用箭线表示问题及其重要的因素与因素之间、各项目及其手段与手段之间复杂的逻辑关系。

5.27.1　常见的4类关联图图示

常见的关联图主要有4种，包括中央集中型、单向汇集型、应用型和多目的型。绘制中央集中型关联图时，把要分析的几个问题放在图的中央位置，因素则层层向四周展开，如图5-2所示；绘制单向汇集型关联图时，要把分析的几个问题放在图的一侧，因素则层层向相反方向展开，如图5-3所示；应用型关联图是联合其他类型的图的应用方式，如图5-4所示；在多目的型关联图中包含2个或2个以上的问题，如图5-5所示。

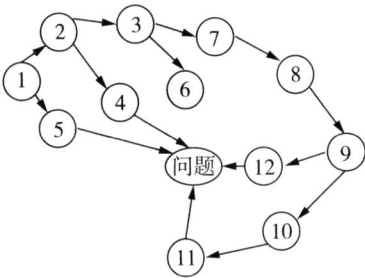

图5-2　中央集中型关联图

图5-3　单向汇集型关联图

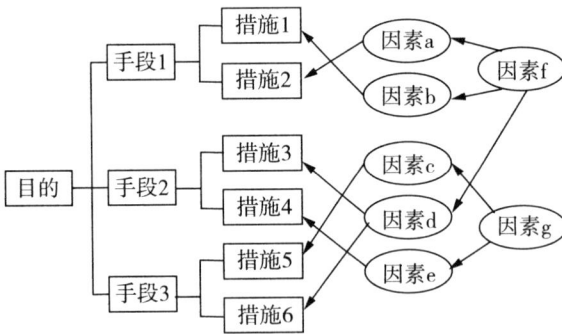

图5-4　应用型关联图

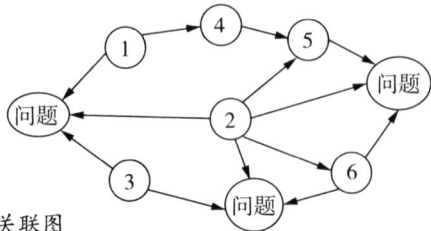

图5-5　多目的型关联图

"小蘑菇"晋级工具箱

148

5.27.2 绘制关联图的6个步骤

关联图可用于企业质量管理方针与计划的制订、分解和落实，还可用于制订生产过程中减少不良品的对策和工序管理上的故障对策。其绘制过程包括6个步骤，如图5-6所示。

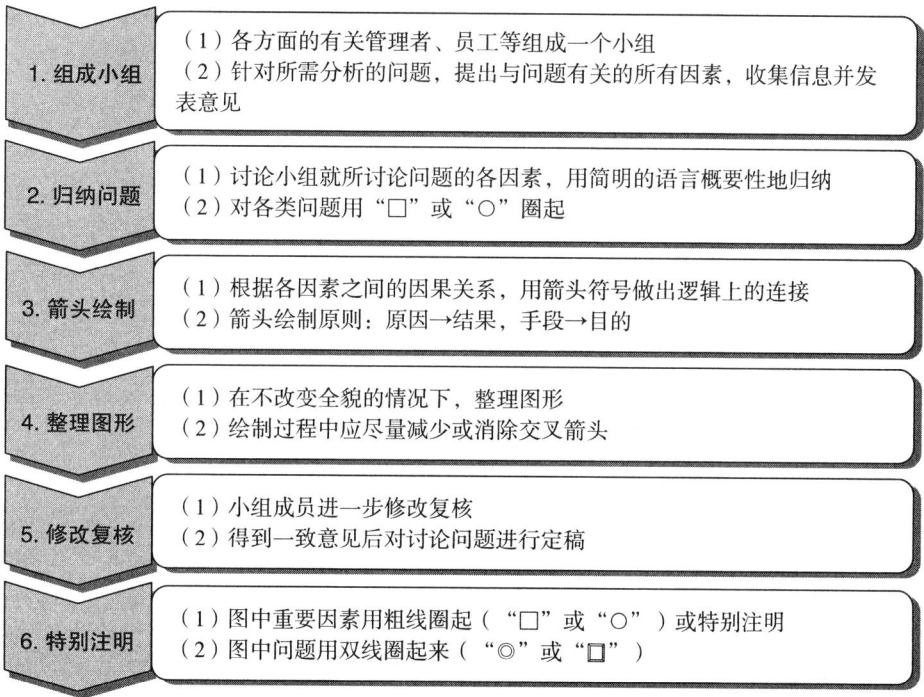

1.组成小组	（1）各方面的有关管理者、员工等组成一个小组 （2）针对所需分析的问题，提出与问题有关的所有因素，收集信息并发表意见
2.归纳问题	（1）讨论小组就所讨论问题的各因素，用简明的语言概要性地归纳 （2）对各类问题用"□"或"○"圈起
3.箭头绘制	（1）根据各因素之间的因果关系，用箭头符号做出逻辑上的连接 （2）箭头绘制原则：原因→结果，手段→目的
4.整理图形	（1）在不改变全貌的情况下，整理图形 （2）绘制过程中应尽量减少或消除交叉箭头
5.修改复核	（1）小组成员进一步修改复核 （2）得到一致意见后对讨论问题进行定稿
6.特别注明	（1）图中重要因素用粗线圈起（"□"或"○"）或特别注明 （2）图中问题用双线圈起来（"◎"或"□"）

图5-6　关联图绘制的6个步骤

5.27.3 智慧职场案例：关联图应用

如果我们的职场新人"小蘑菇"正好在质量管理部门，那么关联图就属于你"应知""应会"的内容；如果你在其他部门、其他岗位，那么与其他工具一样，这也是你智慧解决工作问题的好工具。下面举个例子。

近期，你所在的车间生产的产品一次成型的合格率较低，公司要求采取关联图法进行分析。你通过自学和向有经验的师傅请教，发现了原因，进行了分析，针对相互关联的不同因素采取了不同的措施，提高了产品的成型合格率。那么，针对生产的产品质量或者交付的服务水平，到底应如何采用关联图的方法进行分析呢？如图5-7所示。

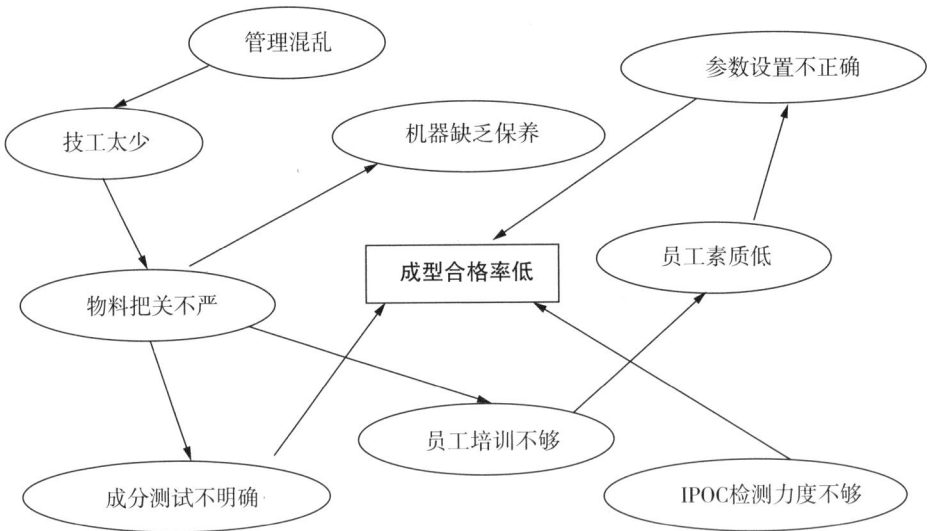

图5-7　产品成型合格率分析关联图

工具 28

业务流程再造：
提升整体绩效

有些时候，职场新人做事情不是不会，也不是不知道借助哪些资源、需要哪些部门或领导的支持，而是因为不清楚流程，或者不懂得"集中一段时间""集中一块地域"，或"集中几件事情找一个领导一次"等节省流程、改变顺序的技巧。

业务流程再造，是企业为了提高管理运营效率、整体绩效水平，对原来的业务流程进行梳理、发现问题并重新设计的过程，是从根本上重新思考、彻底改进企业办事的顺序、优化企业管理资源和内外部资源配置的有效工具。

业务流程再造，再明确一点说，就是重新安排企业的整个产品生产、服务提供、内部与外部客户对接和跨部门、跨岗位分工与协作的过程。这包括删减其中不合理、不必要的环节，改变盖章、签字的先后顺序，以及优化过程中使用到的文件、资料和办公软件等。

当然，业务流程再造，如果借助高效的办公软件效率会更高。目前，企业内部用得较多的办公软件包括：ERP管理系统、CRM客户关系管理、HR人力资源管理系统、OA办公系统、钉钉、REDMINE等。

说得早不如说得巧。在这里提醒职场新人一句，刚入职一定要参加企业人力资源部门组织的"新员工入职培训"，学习企业文化、规章制度、办公软件应用，以及"应知、应会、工作实例"和3级安全上岗培训等。

5.28.1　业务流程再造ESIA原则

业务流程再造的技术可以概括为4项，即"减少/清除、简化、整合、自动化"，简称为"ESIA"，这4个字母分别是4个英文单词的首字母，即 **E**liminate、**S**implify、**I**ntegrate、**A**utomate。

ESIA是减少流程中非增值活动、调整流程中核心增值活动的实用技术，如表5-6所示。

表5-6　ESIA原则说明表

原则	具体项目
减少/清除	业务活动期间的等待时长、过量产出、不必要的运输、重复加工、过量库存、缺陷/失误、重复工序或环节、反复检验、跨部门协调
简化	• 简化表格。许多表格在流程的运作中根本没有实际作用，重新设计表格，减少不必要的工作量 • 简化程序。整合一些工作内容，提高流程结构性效率 • 简化沟通。简化沟通过程，避免沟通障碍、信息失真、语言歧义 • 简化物流。调整任务顺序或增加信息的提供，简化多余环节、缩减路程
整合	• 整合活动。将活动进行整合，整合后使一个人完成一系列简单活动，实现流程与流程之间的"单点接触"，提高工作效率 • 整合团队。将各方面专家整合组成专业团队，形成"个案团队""责任团队" • 整合客户（流程下游）。整合客户群体和自身的关系，将自己的服务融入客户群体的流程中 • 整合供应商（流程上游）。消除企业和供应商之间一些不必要的手续，建立战略联盟信任和信任伙伴关系，整合双方流程
自动化	• 数据采集与运输自动化。减少反复的数据采集，并降低单次采集的时间，区分一手、二手数据 • 数据分析自动化。通过分析软件，对数据进行收集、整理与分析，提升信息有效利用率 • 消除乏味工作。用机器、设备替代脏活、累活与乏味的工作

5.28.2　优先选择关键业务流程

企业在进行业务流程再造时，会在流程诊断分析的基础上，根据流程对企业发展的重要程度、流程运行情况确定流程的优先级别，即关键业务流程。

关键业务流程是指现有流程中急于改进的流程，确定时应根据总的经营目标和关键流程的特点，选择合适的方法进行选择，如图5-8所示。

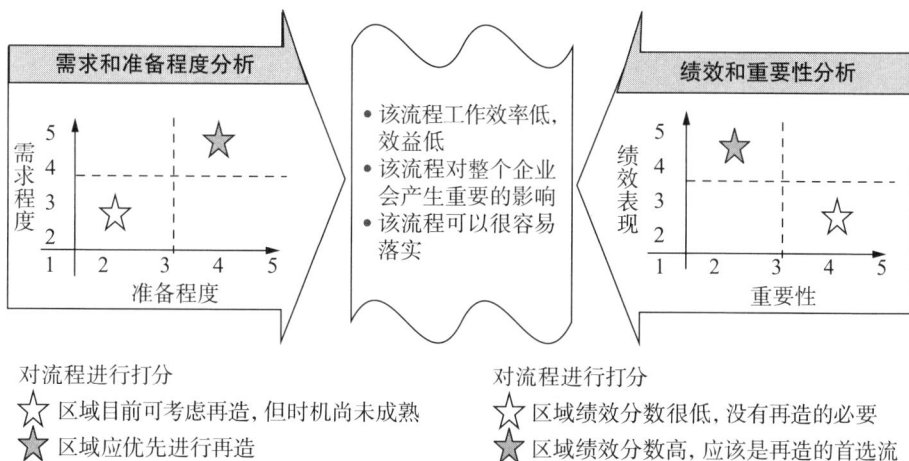

图5-8　选择关键业务流程的方法

相对应，职场新人做任何工作不要像机器一样简单模式化，而要熟能生巧，要做思考者。这就要找到其中的关键业务流程，对其进行减少/清除、简化，或者借助上级领导或外力整合交叉流程，摒弃繁文缛节。你可以尝试，只要你已经对作业指导书、操作说明书很熟悉了，具备这个前提条件即可，否则就会有人说"没有调查就没有发言权""还没学会走呢就想跑"等扯后腿的话。

综合考虑一下，你愿意尝试这个业务流程再造工具吗？如果愿意，还需要确保关键业务流程的落实。

5.28.3 落实关键业务流程

业务流程设计完成后，仅仅是完成了流程管理的初始工作，要想使设计后的流程能够顺利、高效地运作，需要进行相关的配套设计，落实流程的7个方面，如图5-9所示。

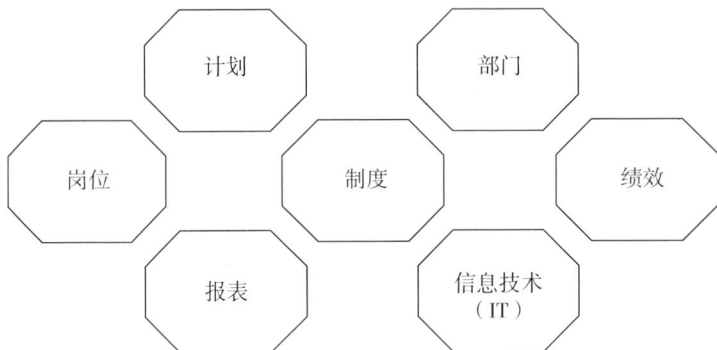

图5-9 落实流程的7个方面

流程的运作或者优化方案需要在上述这7个方面得以体现。同时，职场新人要进行系统思考，改变流程也要考虑这7个方面的要求。

业务流程再造时应注意3个事项。

1. 在设计优化方案之前，深入了解与这7个方面相关的问题要点的现状。

2. 在初步设计业务流程时，积极思考流程对上述7个方面的要求。

3. 对初步的业务流程进行深入分析与完善，明确目标流程对计划、岗位、部门、制度、绩效、报表、信息技术（IT）提出的要求，使解决方案趋于严谨。

工具 29

系统思考法：
超越事件、趋势、结构

很多时候，职场新人只知其一，不知其二，只看到表面，看不到表面现象背后的东西。系统思考，不是片面思考、碎片化思考，也不是单一思考、垂直思考，而是纵观全局、看清事件背后的结构及要素之间的互动关系，并主动进行"建构"和"解构"的思维能力。

按照系统思考的方法研究、处理事情，就应把所处理的事物看作一个大体系，不仅要看到其中的各个部分、相关的子系统，还要看到这些组成部分、子系统之间的相互影响与作用，并以整体的角度协调和处理系统中的人、事、物、数据、资源和信息。

系统思考法的提出者是美国管理学家、学习型组织之父彼得·圣吉。系统思考法主要运用在思考和解决问题时，以及建设学习型组织时。

目前，系统思考法已经广泛应用于多个领域，包括智慧职场。系统思考的4个层次如图5-10所示。

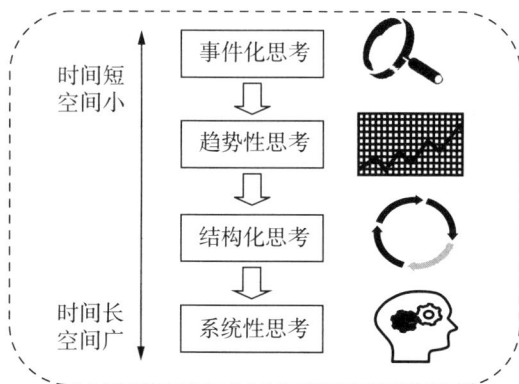

图5-10　系统思考的4个层次

5.29.1　系统思考的3个要求

职场新人遇事必须学习系统思考，不能像盲人摸象似的只看到局部而看不到整体，也不能像井底之蛙似的将局部当作整体，更不能如只见树木不见森林一样只会解决表面问题，而非标本兼治、彻底根除。职场新人系统思考的3个要求如图5-11所示。

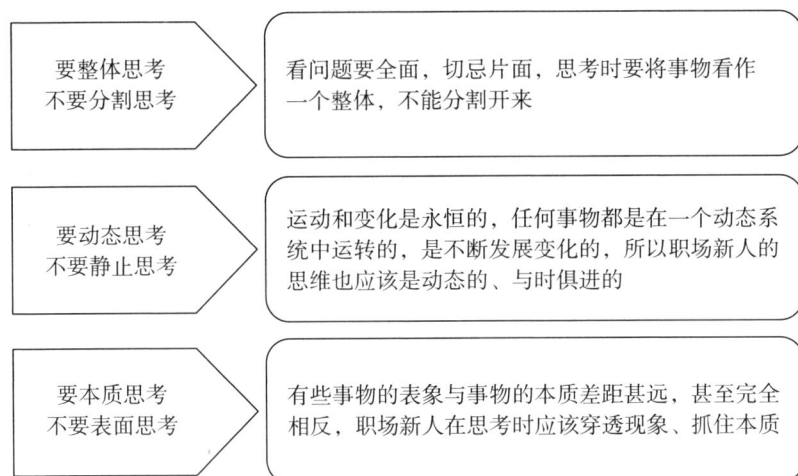

要整体思考不要分割思考	看问题要全面，切忌片面，思考时要将事物看作一个整体，不能分割开来
要动态思考不要静止思考	运动和变化是永恒的，任何事物都是在一个动态系统中运转的，是不断发展变化的，所以职场新人的思维也应该是动态的、与时俱进的
要本质思考不要表面思考	有些事物的表象与事物的本质差距甚远，甚至完全相反，职场新人在思考时应该穿透现象、抓住本质

图5-11　职场新人系统思考的3个要求

5.29.2　系统思考的5种观念

系统思考的5种观念如图5-12所示。

1. **整体的观念。** 将个人放入组织中，将组织放入社会中，才能够实现整体思考。我是公司的一员，我的一言一行都代表着公司的形象，我要谨言慎行。

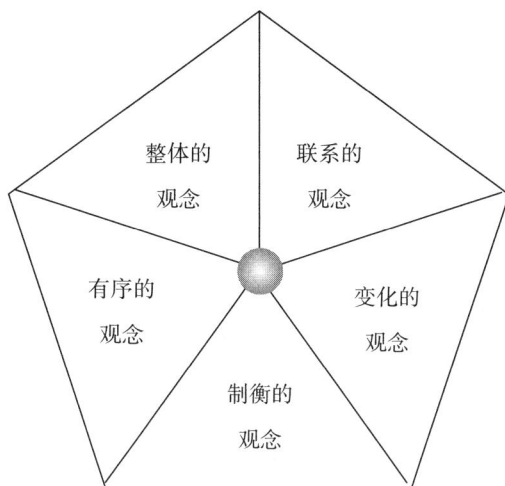

图5-12　职场新人系统思考的5种观念

2. 联系的观念。 世界上的任何事物都存在着不同形式的普遍联系，并且这种联系相互之间会产生不同的作用。客户投诉可能有几个分枝：是生产的产品不合格，还是质检员的疏忽，或者仅仅是销售人员的承诺没有兑现，还是……

3. 变化的观念。 任何事物都不是绝对静止的，而是处于不断的发展变化之中的。试用期处理过的同样问题，今天客户又来纠缠，就不能用同样的方法解决了。而且市场也在变化，已经不同于三个月前了。

4. 制衡的观念。 任何一种事物的变化，都不是孤立进行的。它既要受到其他事物发展变化的影响，反过来又对其他事物的发展变化产生影响。公司中部门之间沟通有障碍，可能是"部门墙"又厚又硬，必要时可以借助领导的权威解决棘手的问题。

5. 有序的观念。 构成事物的各个部分之间不是统一的，而是存在差别的，这种差别是保证系统正常运行的重要前提。公司里上级下级有别，新人老人有别，同岗不同酬，机会不均等，也是很正常的，这正是制度化、规则化、流程化的良好体现。

5.29.3 非系统思考的7个表现

非系统思考是与系统思考相反的思考方式，它从问题的局部着手，带有一定的片面性。其主要表现有7个方面。

1. 现在的问题源自以前问题的解决方案。如果不能进行系统思考，我们在解决今天问题的同时，就有可能为明天制造问题。

2. 补偿性回馈。同事善意的干预引起了系统的反应，但这种反应反过来抵消了干预所创造的利益。这种情况在现实职场中发生过很多次了，职场新人要上点儿心了。

3. 用最熟悉的方法解决问题。在解决问题时，人们通常使用自己最熟悉的方法，但这些方法不一定能够对症下药。

4. 舍本逐末。在解决问题时，纠缠于问题的细节，而不去探求如何从根本上解决问题。这样虽然解决了一个具体问题，但还要面临甚至引发更多的具体问题。

5. 欲速则不达。职场新人往往希望以最快的速度完成主管交办的任务，但这种一心追求速度的愿望往往适得其反。常有这样的情况，起草一个制度只用了3天，却花了3个月的时间修改才得以实施。

6. 结果（结论）的滞后性。由某种原因产生的结果可能不会立即显现出来，而需要经过一段时间才逐步显现，这就可能导致无法对某一结果产生的原因做出正确判断。

7. 将问题归罪于他人。面对问题，人们常常就像心智未成熟的小孩子一样将问题产生的原因推委于他人，而忽视了系统其实没有内外之分。即使不是因为自己的原因导致的问题，也要先承担下来、着手解决，之后再澄清并找相关责任人。

5.29.4 智慧职场案例：系统思考法应用

莲雾是台湾一种很有名的水果，主要产地是屏东。当地有很多人种植莲雾，所以莲雾的售卖竞争激烈。莲雾摆摊销售，没有进入高端市场，再经过中间水果商盘剥一次，实际上，当地果农的收益并不高。

一个果农看到了这种情况，经过调研发现，尽管水果的高品质很重要，好吃、不贵，又有营养，但是，销售渠道的开拓同等重要。

于是，这个果农另辟蹊径，与一些便利店签订了直销协议，并提供送货到门的服务。不久，他种植的莲雾迅速占据了当地各个品牌便利店这些终端市场，获得了高于其他果农数倍的利润。更重要的是，这个果农还有品牌意识，不仅水果保证质优、新鲜，而且提供周到的服务，形成了良好的口碑效应，慢慢地他接到的订单越来越多，销路越来越广。

这位果农就是台湾知名的莲雾大王——黄益丰。

可见，企业发展的稳定程度与企业员工系统思考的全面程度是呈正相关关系的。职场新人只有像老板一样、像智慧职场的老前辈一样，学习和实施系统思考，企业的发展才越好，"蛋糕"才会越做越大，每个人分享的"蛋糕"也就会越来越多。

工具 30

六顶思考帽：
平行思考

平行思考法（Lateral Thinking）是英国心理学家爱德华·德·波诺博士（Dr. Edward De Bono）所倡导的一种创意思考方法，又被称为戴勃诺理论、发散式思维法、水平思维法。

平行思考法指的是运用创造性思维方法，实现职场新人执行工作的创新，使职场新人的工作获得有效改善的过程。

平行思考法主要是针对垂直思考法而言的，平行思考法可以引导职场新人进入周边的路径，从而在不同的模式中进行转换，而不是像垂直思考法那样沿着既定的路径一直走下去，"一条道走到黑""不撞南墙不回头"。

平行思考法与垂直思考法相比较，主要有4点区别，如表5-7所示。

表5-7　平行思考法与垂直思考法的4点区别

区别项目	项目名称	
区别要素	垂直思考法	平行思考法
关注	关注"是什么"	关注"可能成为什么"
思考	批判式思考	建设性思考
观点	产生非此即彼的观点	能够兼容相互冲突的观点
结果	导致判断、质疑和争论	进行聆听、理解、设计和创造

5.30.1 智慧职场案例：真正的平行思考

垂直思考的资源浪费案例

美国航天技术发达，但是美国航天员却受到在太空作业时圆珠笔写不出字来的困扰。于是，美国航天局做出攻克技术难关的决定，并划拨100万美元用于技术研发。结果确实令人满意：科研人员经过反复的实验、验证，终于研制成功"太空笔"。

欢庆之余，有位官员突然提出了一个疑问，苏联航天员在太空中用什么样的笔写字呢？他质疑的目的是否是想把"太空笔"推销给苏联航天员，我们不得而知。但是，这个疑问一提出来就勾起了所有人的好奇心。经过谍报人员的秘密侦察，很快便有了反馈：苏联航天员在太空中是用铅笔做记录的。

这是不是一件很尴尬的事件？100万美元的投入，还有科研人员的付出，以及时间成本……

平行思考的创新高效案例

在美国某个城市的地铁沿线，灯泡经常被窃贼拧下后偷走。这种状况可能会导致安全事故的发生，但是警察似乎也无能为力。所以，地铁方考虑从技术方面解决这个问题。一位工程师临危受命，他没有获得多少用于工程改造的经费，还被要求不能改变灯泡原来的位置及其他种种限制。然而，这位工程师运用平行思考法，最终还是出色地完成了任务。

那么，这位工程师是如何做的呢？原来，他改变了灯泡的螺旋方向，由传统的、被人们普遍接受的顺时针方向改成了逆时针方向。这样，当窃贼在试图拧下灯泡的时候，实际上是在拧紧它们，再加上偷窃时的紧张情绪，窃贼们是没有时间、没有可能进行平行思考的，所以就选择放弃了偷窃。

5.30.2 运用平行思考的4个技巧

为确保平行思考法运用的效果，职场新人应关注并学会运用六顶思考帽、创造性挑战、创造性停顿、激发和移动4个思考技巧。

技巧1：六顶思考帽

六顶思考帽提供的是具体的框架，使职场新人能够从传统的辩论和对立式的思考，转换为从不同角度对一项工作的合作性考察。

六顶思考帽寓意为：白色帽子为客观地收集信息；红色帽子为直觉和感觉；黑色帽子为有逻辑理由的谨慎、否定和批判性思考；黄色帽子为有逻辑理由的肯定、欣赏和超前性思考；绿色帽子为创造性努力和创造性思考；蓝色帽子为控制思考过程本身。

对于每一种基本的思考行为模式，都可以使用不同颜色的帽子来表示。通过这种方法，职场新人可以更方便地根据需要，从一种思考模式切换到另一种思考模式，任何时候都可以提出进行某种思考模式的要求。

技巧2：创造性挑战

创造性挑战并不是一种攻击、批评，或者努力显示出为什么某项工作是不足的，它是一种对唯一性的挑战。创造性挑战既可以直接用于对工作本身的思考，也可以用于对传统思考方式的思考，比如对正在进行的思考过程本身提出挑战、对形成思考的各种因素提出挑战等。

技巧3：创造性停顿

创造性停顿是一个非常简短的停顿，是思考者在脑海里考虑，是否还有别的选择或者其他另辟蹊径的方法，思考者有意对任何一个点都给予创造性的关注。

技巧4：激发和移动

职场新人需要通过激发和移动来切换思考模式。切换模式是模式系统必需的非对称性本质：有些在事后看起来明显符合逻辑的工作，在事前却不一定如此。

移动是一种积极的操作，而不单单是将判断悬置；对于任何激发，职场新人都需要进行"移动"操作，以便于从其他角度产出新的观点。

5.30.3 六顶思考帽工具模型

六顶思考帽是一个全面思考问题的模型。

六顶思考帽用六顶颜色不同的帽子做比喻，把思维分成6个不同的方面，这6种思维方式并不代表6种性格的人，而是指每一个人在思考问题时都可以扮演6种不同的角色，如图5-13所示。

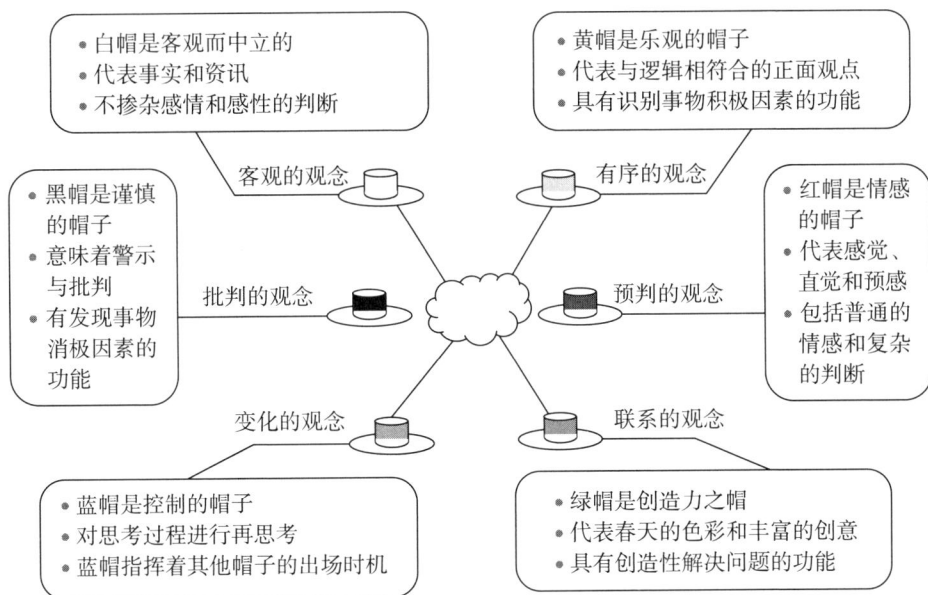

图5-13　六顶思考帽工具模型

5.30.4 六顶思考帽运用须知

本质上，六顶思考帽是一个角色扮演游戏，它强调的是"能够成为什么"而非"本身是什么"；它是一种平行思考的方式，而非垂直思考；它是寻求一条向前发展的路，而不是争论谁对谁错。

为什么用帽子代表思维呢？那是因为：

1. 角色与游戏规则——不同颜色的帽子可以代表不同的思考规则。

2. 方便戴上和摘下——容易转换思考方式。

3. 能够投射注意力——帽子形成的框架能使思维变得更加集中，更加有组织性和创造性。

在没有运用六顶思考帽时，职场新人可能在同一时刻戴着不同颜色的帽子，因此导致思维混乱，引发激烈辩论和错误决策。六顶思考帽会对思维模式进行分解，将思考的不同方面分开，使职场新人混乱的思考方式变得更加清晰，使团体中无意义的争论变成集思广益的创造，使包括职场新人在内的每个人变得富有创造性，最终得到全方位的"彩色"思考。

如果将平行思考模式的六顶思考帽，再加上头脑风暴法等工具综合运用，将会取得更好的效果。当然，本书中的48个工具均是完整的、独立的个体，但是将其中两种或者多种工具组合起来运用会更有效。职场新人不妨在工作实践中好好试一试，并记录下来，哪两种或哪几种工具组合运用的效果更好，案例是什么，较之工具运用之前的改变在哪里，等等。

06

第 **6** 章

匠心手艺：
不能速胜论至上，要慢要定

美国纽波特纽斯船厂（Newport News Shipbuilding and Drydock Company，NNS&DD）的总裁柯利斯·亨廷顿（Collis P. Huntington）说过："我们必须造好船，能赚钱就赚；假如不能，损失在所不惜，但是一定要把船造好。"

一个职场新人工作价值的体现，说白了，还得是你的技术过不过关、生产的产品质量够不够硬、提供的服务有没有特色或差异性，这就是你的个人品牌竞争力，这就要求你必须具备工匠精神。

工匠精神是指工匠对自己的产品精雕细琢、精益求精的理念。工匠喜欢雕琢自己的产品，改善自己的技艺，幸福地享受产品在自己双手中升华的全过程。工匠热爱自己的事业胜过工资和奖金，不跟别人较真，只追求不断超越自己。

工匠精神，是中华民族文化精神的重要支柱，其所包括的创造精神、专注执着、坚定踏实、精益求精、精致和谐、实践创新是智慧职场新人所应该具有的基本工作原则。

新人遇到的问题	智慧解决工具
如何巧干不蛮干，如何生产出质量高、废品率低的产品	工具31：时间动作分析法
为什么职场新人会遇到否定、训斥、返工的情况	工具32：森口体系
为什么老是犯错，真想打自己的手，"为什么不听使唤"	工具33：8D工具
自己感觉好得不得了，而顾客却老投诉，同事也总躲着我	工具34：格鲁诺斯模型
"搞关系"太复杂了，情商不够用	工具35：关系质量模型
为什么自己距离高标准、卓越绩效的期望差距那么大	工具36：532绩效考核模型

工具 31

时间动作分析法：
没有多余的环节

科学管理之父弗雷德里克·温斯洛·泰勒（Frederick Winslow Taylor）一生的岗位实践和《科学管理原理》《车间管理》《计件工资制》等著作都在进行动作研究，以确定工序操作规程和动作规范，修订时间定额，完善科学方法，最终提高工效。同时，他还对工人进行甄选，培训标准的操作方法，使工人在岗位工作中快速成长。

泰勒给我们的启示是，企业要进行整体的动作经济学研究，提高生产率；职场新人也可以进行个体的动作经济学研究，做到巧干不蛮干、生产的产品质量高、废品率低，还不累。

动作经济指的就是工人在作业时，以最少的劳力达到最大的工作成效。动作经济学原理的运用涉及3个要点，如图6-1所示。

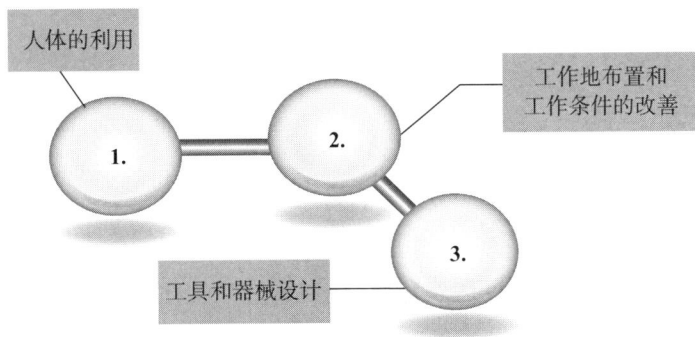

人体的利用

工作地布置和
工作条件的改善

工具和器械设计

1.   2.   3.

图6-1　动作经济学原理运用的3个要点

1. 人体的利用。包括3个方面：一是将操作流程中的动作减少，或增加，或合并，或仅仅调整一下先后顺序；二是动作的幅度、速度要适当，伸、抓、下蹲、转身、打字等的姿势要舒服；三是工作现场要和谐，灵活用好机器、设备和工具等。

2. 工作地布置和工作条件的改善。包括一切原材料、工具、辅助用品应放置在正常的抓取范围内，尽量缩小工作区域。如果企业搞"5S"（即整理、整顿、清扫、清洁和素养五个外语单词的首字母缩写，是针对工厂生产现场或办公室的一种独特管理方法）培训，职场新人务必参加；如果人力资源部搞"办公室5S运动"，职场新人一定好好配合。

3. 有关工具和设备的设计。包括将两个或多个工具整合，或调换、改进工具。杠杆、十字轮、双手轮等传统工具和目前的智能办公软件、APP等结合运用。

6.31.1 时间动作分析法的运用

时间动作分析法是从优化流程中去寻求提高工作效率的方法，研究并避免人体各种操作动作的浪费，以寻求省力、省时、安全的动作时间。

时间动作分析法的实质，是研究分析人在进行各种工序操作时的细微动作，删除无效动作，使操作简便有效，以提高工作效率。职场新人若发现自己有无效动作、浪费现象或出现过度疲劳，应该寻求简化的操作方法。如果可行，在此基础上摸索出一套标准的操作方法，你就可以做其他新人的师傅了。时间动作分析法的运用包括影像分析、动素分析两项关键内容。

1. 影像分析。即运用目视观察或者拍摄视频等手段，清晰记录经过挑选的熟练操作工人的工作现场，再用特定的符号标记以手、眼为中心的人体各部位的动作内容，并进行图表化分析，判断动作的工效高低，找到需要并可以改善的环节。

2. 动素分析。 动素分析主要指吉尔布雷斯夫妇在泰勒前期研究成果的基础上进行的再研究，他们提出了动作研究中的17项动素，包括伸手、握取、移物、装配、应用、拆卸、放手、检验、寻找、选择、计划、对准、预对、持住、休息、迟延、故延等。上述影像分析，也是通过影像的形式重点观察这17项动素，再进行改进。

6.31.2 时间动作分析法的操作步骤

时间动作分析法的实施分为考察现行流程、拟定新的流程，以及评价新的流程3个阶段。具体操作步骤如图6-2所示。

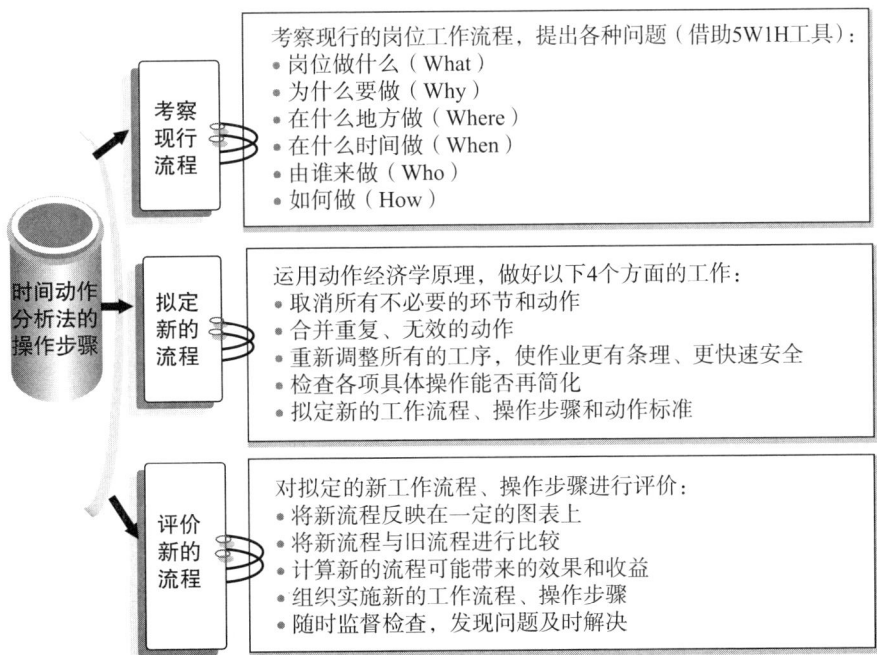

时间动作分析法的操作步骤

考察现行流程
考察现行的岗位工作流程，提出各种问题（借助5W1H工具）：
- 岗位做什么（What）
- 为什么要做（Why）
- 在什么地方做（Where）
- 在什么时间做（When）
- 由谁来做（Who）
- 如何做（How）

拟定新的流程
运用动作经济学原理，做好以下4个方面的工作：
- 取消所有不必要的环节和动作
- 合并重复、无效的动作
- 重新调整所有的工序，使作业更有条理、更快速安全
- 检查各项具体操作能否再简化
- 拟定新的工作流程、操作步骤和动作标准

评价新的流程
对拟定的新工作流程、操作步骤进行评价：
- 将新流程反映在一定的图表上
- 将新流程与旧流程进行比较
- 计算新的流程可能带来的效果和收益
- 组织实施新的工作流程、操作步骤
- 随时监督检查，发现问题及时解决

图6-2　时间动作分析法的操作步骤

6.31.3 智慧职场案例：持续改善

案例背景

AA公司总装交替式物流管理系统存在很多不合理之处，导致公司物流管理系统工作效率低下。领导希望各级管理人员尽快拿出完善操作系统的方案。经会议研讨，物流管理部门确定物流管理改善行动按照以下6个步骤进行，各岗位人员依据流程执行并积极配合其他同事。

步骤1：环境审视

公司健全的规章制度、质量管理体系和办公软件的整合已经具备了物流管理系统改善的环境支持基础。

步骤2：盘点现状与确定任务

上半年公司已经实施了以"改善物流配送方式，优化总装工位和空间布局"为主题的改善行动，实现了"交替式物流"的转变，年收益达8万元，但总装工位布局的改善尚未全面落地。

步骤3：数据分析

通过时间动作经济分析测算，总装工位改善实施后，将会使年收益上升到28万元；通过总装工位和物流配送的集成改善，投资回收期将会缩短到0.9年，如图6-3所示。

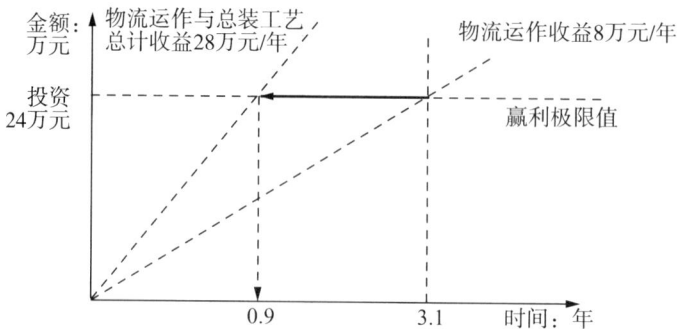

图6-3 总装工位和物流配送改善投资效益分析图

步骤4：研究和建立解决方案

1. 工时分析

工时分析根据作业指导书拆分操作的各个环节，对每一个环节进行实操计时，连续记录一个合理的时间周期，通过建立改进作业规程、技能培训、作业路径优化、布局合理化等途径消除浪费。

对收货环节进行工时分析：首先分解动作；然后填写工时计算表；再次分析数据（正常循环时间、非正常循环时间、比较操作规范时间、计算问题出现频次）；最后归纳列表，用于确定改善目标。如表6-1所示。

表6-1　收货环节工时测评表

动作		问题	标准工时	实际工时	差异
站台验收	卡车到达	控位程序操作	1.18	1.98	0.8
		中转区无面积	0	0.68	0.68
	卸容器	容器在卡车内摆放不当	0.3	0.33	0.03
		人或物阻挡	0.3	0.31	0.01
	叉车转运	人或车阻挡	0.29	0.33	0.04
		站台中转区距离太长	0.29	0.32	0.03
中转区收货		行政检验	0.24	0.36	0.12
通用小托盘返空		叉车取托盘	2.2	3.1	0.90

2. 流程分析

流程分析的目的是寻找流程中的浪费环节，并通过流程重组消除浪费，如图6-4所示。

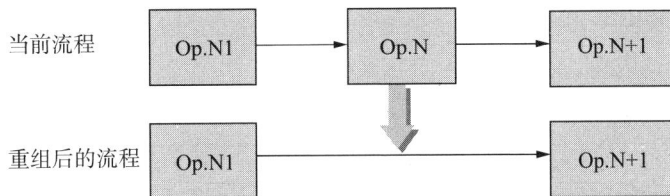

图6-4　流程重组概念图

对中转入库环节进行流程分析：原流程为转运叉车卸货后将零件放在中转区，理货叉车再将中转区的零件上架入位；重组流程后，用转运叉车将卸货后的零件直接上架入位，减少了一个环节，节省了设备运力。节时效果对比如表6-2所示。

表6-2　流程重组后的节时效果对比

动作	重组内容	重组前标准工时	重组后标准工时	节省工时
入库	取消中转区等待	0.5	0	0.5
容器返空	用牵引车替代叉车	3.76	0.58	3.18

3.改善目标设定

根据数据分析得出改善后设备节省的结果，根据往年改善目标达成的情况得出改善权重，利用现有资源开展有针对性的改善，改善效果如表6-3所示。

表6-3　设备改善效果一览表

动作		问题	改善后设备节省（台）	改善权重%
站台验收	卡车到达	中转区无面积	0.91	17.8
	卸容器	容器在卡车内摆放不当	0.04	0.80
		人或物阻挡	0.01	0.30
	叉车运转	人或叉车阻挡	0.05	1.00
		站台中转区距离太长	0.05	0.80
中转区收货		行政检验	0.16	4.20
通用小托盘返空		叉车取托盘	0.30	8.90
流程重组	入库	取消中转区等待	0.67	17.50
	容器返空	用牵引车替代叉车	1.86	48.70
总计			4.05	100.00

4. 修订操作规程和相关标准

根据改善要求，修订现有操作规范，建立新的工时标准，为下一步改善奠定基础。

步骤5：实施和评价

新操作规程和工作标准实施后，节约了运行成本：每个流程节省了工时3.7分钟，即0.5+3.18＝3.68≈3.7，详见表6-2；可节约4台叉车，即4.05≈4，详见表6-3。但是，在实践中，遇到了设备损坏、定期维护、保养和自然损耗等问题，再结合不定期的货物入库数量突增等综合因素考虑，实际上节约了1台叉车。

步骤6：标准化生效

根据经过实践检验的新标准和新规范，制订执行规范的考核指标；开展全员（相关者）培训，跟踪运行效果，为做好下一次改善工作夯实基础。

可见，持续改善是一个永恒的主题，是公司发展与职场新人成长和成功的必经途径。

工具32

森口体系：
产品和服务零缺陷

森口体系是一种追求零缺陷的生产管理工具，是以丰田准时生产制的合作开发者森口凡一的名字命名的。森口体系的核心内容由3个方面构成。

1. 六十秒即时换模。 在森口体系中，实现六十秒即时换模的主要方式是将设备的内部调试程序调为外部调试程序，提高设备调试工作效率与整个生产线的运作效率。

2. 追求零缺陷。 在森口体系中，追求零缺陷的方式主要是通过源头式检验或Poka-Yoke（防差错）系统控制的。Poka-Yoke系统包括查检表和实用工具，这些工具有两种作用：一是在生产开始前防止工人产生可能导致缺陷的错误；二是能迅速将生产中的异常情况反馈给工人以便纠正。

3. 区分错误与缺陷。 森口体系认为，传统的统计质量控制方法是一种事后追溯行为，不能杜绝缺陷的产生，因此应对过程进行控制以防止在生产过程中出现缺陷。

毋庸置疑，职场新人生产的产品、提供的服务也应该是零缺陷的。你应该不想遇到被否定、被训斥、要求返工的窘境，也不想被贴上产品不合格的标签，或不想被人认为自己做事不严谨、态度不认真吧。那怎么办呢？"万事不求人"，因为前有时间动作分析法，这里有森口体系，后面还有8D工具、格鲁诺斯模型、关系质量模型和532绩效考核模型帮你的忙。

6.32.1 森口体系的3种检验方法

森口体系常用的3种检验方法是源头式、信息式和判断式检验，如表6-4所示。

表6-4 森口体系中常用的3种检验方法

检验方法	解析
源头式检验	在事前就确认好是否存在进行高质量生产所必需的条件（事前预防）
信息式检验	运用检验中得来的数据控制生产流程，防止产生残次品（大数据分析）
判断式检验	把次品从合格品中挑出，将信息反馈给生产该产品的工人本人（纠偏）

运用森口体系，理想目标是达到零缺陷，最终实现免除质量检验（免检）。所以，一般而言，森口体系常用于质量检验工作中的5个方面。

1. 预防产品缺陷，杜绝残次品。

2. 追求产品零缺陷，追求免检。

3. 提高整个生产流程的工作效率。

4. 区分生产过程中的错误和缺陷。

5. 进行事前控制，即在生产启动前就要防止工人产生可能导致缺陷的错误。

6.32.2 运用森口体系的5步程序

森口体系能够迅速地将生产过程中的异常情况反馈给工人，以便纠偏，这个特点在其5步程序的运用过程当中体现得淋漓尽致，如图6-5所示。

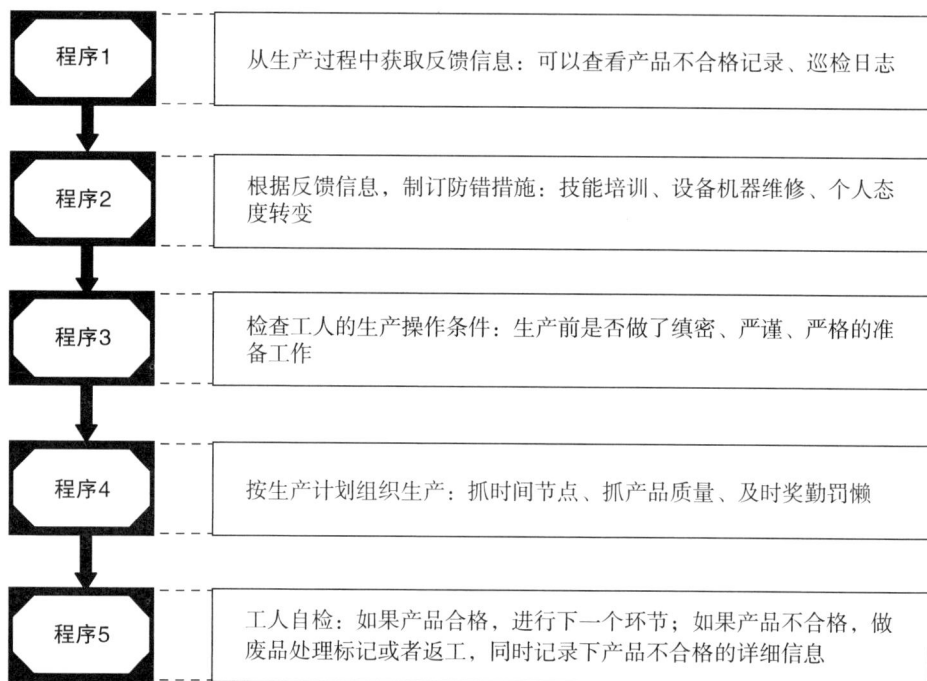

程序1	从生产过程中获取反馈信息：可以查看产品不合格记录、巡检日志
程序2	根据反馈信息，制订防错措施：技能培训、设备机器维修、个人态度转变
程序3	检查工人的生产操作条件：生产前是否做了缜密、严谨、严格的准备工作
程序4	按生产计划组织生产：抓时间节点、抓产品质量、及时奖勤罚懒
程序5	工人自检：如果产品合格，进行下一个环节；如果产品不合格，做废品处理标记或者返工，同时记录下产品不合格的详细信息

图6-5 运用森口体系的5步程序

6.32.3 森口体系运用须知

森口体系是一种有效的质量检验工具，能够减少职场新人生产产品的缺陷，提高产品合格率。使用这一智慧工具，需要注意以下4个方面。

1. 森口体系涉及判断式检验、信息式检验、源头式检验等多种检验方法的综合运用，这一点给我们职场新人的启示是：无论做什么事情都要做到事前控制、事中纠偏、事后反馈。

2. 判断式检验方法有很大的局限性，或者说涉及挑选次品的标准不统一，可能会在运用中产生一些争议。职场新人必须提前预见并采取沟通措施、标准化措施，或者请产品质量经理进行决策。

3. 由于信息式检验方法取得的数据有滞后性，无法实现在生产之后即时检查，因此不能提供最及时、最有效的信息来确定质量问题的起因并用于将来的防错。

4. 森口体系强调反馈的重要性，反馈可以来自产品质量检验员、主管领导的判断，但是客户的反馈也不容忽视，尤其是客户的投诉。所以运用森口体系，可以结合客户投诉记录表和分析表，如表6-5、表6-6所示，效果会更佳。

表6-5 客户投诉记录表

投诉接待人员	上午	下午	晚上	迟到、早退者	缺勤者
接待过程简述	营业部门： 签名：		总务部门： 签名：		
客户问题	□产品缺陷　□质量不稳定　□维修三包问题 □员工服务态度问题				签名
处理意见					
联络事项					
明日预定					
上级指示					
主管建议					
当事人建议					
经理		部门主管		填表人	

表6-6 客户投诉分析表

客户名称		受理日期	
投诉种类		承诺期限	
投诉缘由			
客户要求			
处理中的困难			
应对策略			
客户期望			
达成程度			
主要处理措施			
客户服务部建议			

工具 33

8D工具：
我生产的都是免检品

聚美优品CEO陈欧有一句广告语："我是陈欧，我为自己代言。"

作为职场新人，你敢为你生产的产品代言吗？你能为你提供服务的品质担保吗？

8D工具也被称为团队导向的问题解决法、8D问题求解法（8D Problem Solving），最早是由福特汽车公司提出的一种处理和解决产品质量问题的方法。

8D工具提供了一套符合逻辑的问题解决方法，用以界定、矫正和消灭反复出现的质量问题，有助于产品和流程改进的结构化问题的解决。

6.33.1 8D工具应用的9步流程

8D即八项训练（Discipline），在实践应用中须遵循9个步骤，如表6-7所示。

表6-7 8D工具应用的9个步骤

步骤		执行目的	关键要点	相关工具
D_0	确定问题	针对问题发生的情况，确定问题是否需要用8D工具来解决	判断问题的类型、大小、范畴等	柏拉图推移图
D_1	小组成立	由专业技术人员组成小组，明确权责，分析问题原因并制订纠正措施	成员选择、目标确定、合理分工、程序明确等	——
D_2	问题陈述	汇总问题，收集数据以详细陈述问题	收集数据以说明问题、审核数据以定义问题、复杂问题细分、评定风险	推移图、质量风险评定、FMEA查检表、柏拉图
D_3	制订短期措施	确保在实施永久措施前，制订短期措施进行问题的及时处理	评价应急措施、确定临时措施、实施措施并记录、验证实施效果	FMEA、DOE鱼骨图、FTA、控制图
D_4	确定并验证根本原因	多维度、多观点提出并确认根本原因，然后再反复测试以验证	评价并确定原因本身的确切性及导致结果的逻辑性，做好记录并验证效果	头脑风暴、柏拉图、FMEA
D_5	选择并验证永久纠正措施	使用统计工具罗列潜在原因，通过对环境、流程等的测试确定根本原因	评估潜在原因、验证原因对问题的影响程度	FMEA、头脑风暴、控制图
D_6	实施永久纠正措施	制订永久纠正措施方案，确定过程控制方法，解决问题的根本原因	执行永久措施、确认问题解决情况、修正监控计划	防错措施、统计控制、FMEA
D_7	预防再次发生	修正管理程序、制度及工作惯例等，防止问题再次发生	制订预防措施、验证措施有效性、执行预防措施	FMEA、推移图
D_8	小组祝贺	认可小组的集体工作能力，对小组工作进行总结并祝贺	保留重要文件、总结经验、赞赏团队力量、奖励	——

注：①各个步骤的操作先后并不严格限于上述顺序，使用人员可视问题困难程度及复杂程度进行改变；②问题解决经过应有书面记录，以确保问题解决的追溯、效果评估和经验积累；③表中"相关工具"所涉及的工具均为质量管理专业工具，本书中部分作了跨界移植运用，其他工具不再详述。

6.33.2 质量可靠性诊断明细表

8D工具在实践应用中需要运用质量可靠性诊断明细表，如表6-8所示。

表6-8 质量可靠性诊断明细表

序号	项目	项目明细	评分（分）	
1	质量可靠性的思考方式、方针、特征是否明确	（1）质量保证基本方针 （2）各部门、各层级质量保证思考方式是否统一 （3）质量方针、质量体系是否彻底执行到最后，相应的系统是否确立	0分□ 4分□ 8分□	2分□ 6分□ 10分□
2	质量可靠性管理思想是否被充分理解	（1）质量可靠性管理方法是否科学 （2）质量可靠性体系建设是否合理 （3）质量可靠性管理思想是否被员工普遍理解	0分□ 4分□ 8分□	2分□ 6分□ 10分□
3	质量可靠性管理的责任人是否明确	（1）出库检验的责任人是否明确 （2）质量提高和维持的责任人是否明确 （3）不良品出库控制的责任人是否明确	0分□ 4分□ 8分□	2分□ 6分□ 10分□
4	质量可靠性标准的制定是否合理	（1）质量可靠性标准中规定的内容是否明确 （2）质量可靠性标准中是否考虑了工程能力、技术、消费者、成本、方针等	0分□ 4分□ 8分□	2分□ 6分□ 10分□
5	质量标准是否经常进行有效调整	（1）产品规格、制造规格、检查规格等的制定是否可靠 （2）质量目标、质量标准、检验判定标准的内容是否可靠	0分□ 4分□ 8分□	2分□ 6分□ 10分□
6	质量诊断是否被有效实施	（1）质量诊断系统是否可靠 （2）质量诊断报告书是否按规定编制	0分□ 4分□ 8分□	2分□ 6分□ 10分□

序号	项目	项目明细	评分（分）
7	质量不满处理是否恰当	（1）质量不满的相关标准类别是否制定 （2）质量不满处理的责任部门是否明确	0分□ 2分□ 4分□ 6分□ 8分□ 10分□
8	必须减少的不满事项是否明确	（1）必须减少的不满项目是否明确 （2）重要不满事项的处理是否正确执行 （3）最近1～2年的不满事项及采取的对策是否有详细记录	0分□ 2分□ 4分□ 6分□ 8分□ 10分□
9	是否采取与质量可靠性标准结合的预防措施	（1）不满及不满再发生的情况是否在减少 （2）预防不满再发生的对策是否恰当 （3）设计明细、初期检查和新产品审查时的确认明细中是否反映了质量可靠性标准	0分□ 2分□ 4分□ 6分□ 8分□ 10分□
10	通过不满管理，是否能提高质量可靠性	（1）用户对不满的处理方式是否满意 （2）不满发生损失金额程度是否在控制范围内 （3）最近5年不满事项变化情况是否向有利于质量可靠性的方向发展	0分□ 2分□ 4分□ 6分□ 8分□ 10分□
评分说明	1. 每项评分满分为10分 2. 评分从低到高表示该项管理越来越完善 3. 评分可以为0分、2分、4分、6分、8分、10分；最高分10分，最低分0分 4. 各项具体评分标准见公司相关诊断评价实施细则		

6.33.3 8D执行过程汇报表

8D工具在进行问题分析时可采用表格化形式进行汇报，如表6-9所示。

表6-9　8D执行过程汇报表

编号：　　　　　　　　　　　　　　　　　　　　填表时间：

问题编号		问题主题	
开始日期		小组负责人	
产品名称		小组成员	
问题详细描述			
8D工具执行过程汇报			
步骤代码	步骤名称	执行内容	效果描述
D_0	确定问题		
D_1	小组成立		
D_2	问题陈述		
D_3	制订短期措施		
D_4	确定并验证根本原因		
D_5	选择并验证永久纠正措施		
D_6	实施永久纠正措施		
D_7	预防再次发生		
D_8	小组祝贺		
小组负责人签字		主管领导审核	

工具 34

格鲁诺斯模型：
质量好坏客户说了算

早在1984年，瑞典著名服务市场营销学专家克·格鲁诺斯第一次提出顾客感知服务质量模型，如图6-6所示。

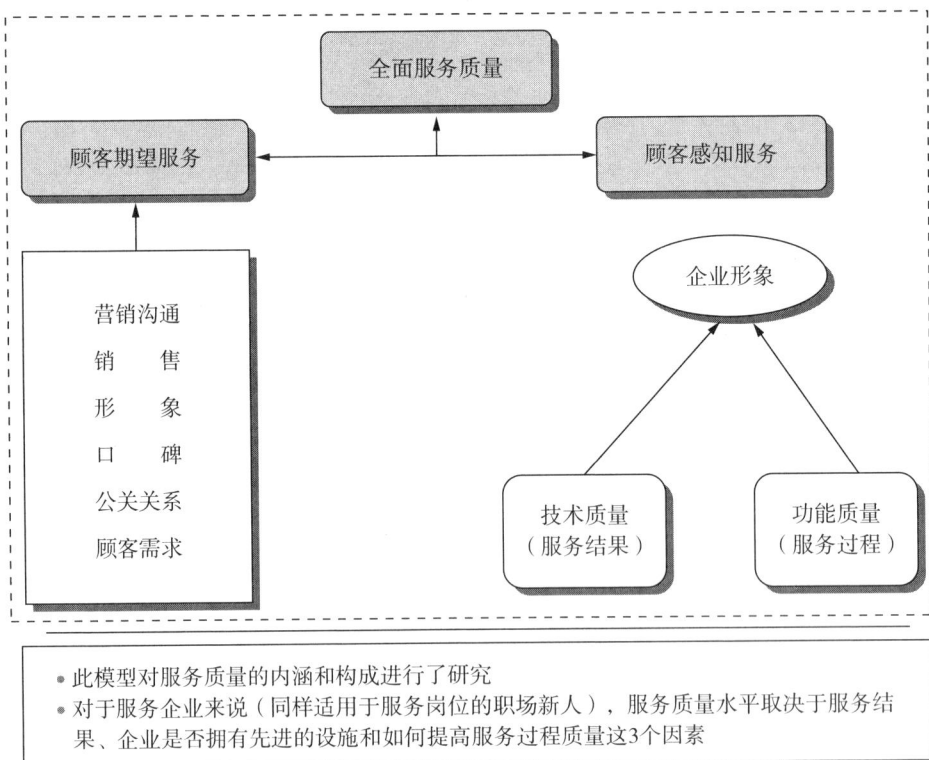

图6-6 格鲁诺斯顾客感知服务质量模型

（图中文字：全面服务质量；顾客期望服务；顾客感知服务；企业形象；营销沟通、销售、形象、口碑、公关关系、顾客需求；技术质量（服务结果）；功能质量（服务过程）；）

- 此模型对服务质量的内涵和构成进行了研究
- 对于服务企业来说（同样适用于服务岗位的职场新人），服务质量水平取决于服务结果、企业是否拥有先进的设施和如何提高服务过程质量这3个因素

6.34.1　格鲁诺斯模型的4个构成要素

格鲁诺斯顾客感知服务质量模型的核心是"质量是由顾客来评价的"，其构成要素如图6-7所示。

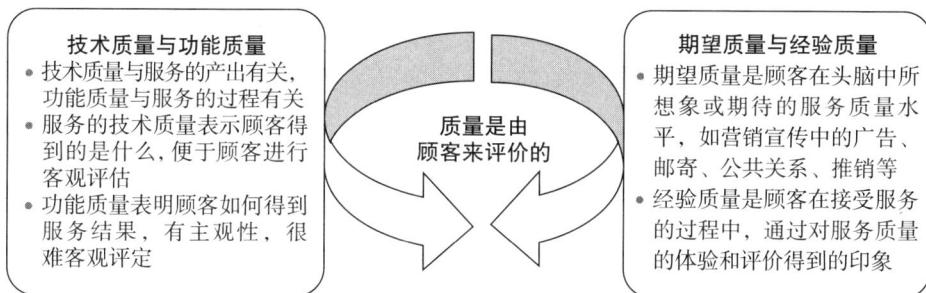

图6-7　格鲁诺斯顾客感知服务质量模型的构成要素

6.34.2　顾客感知服务质量评价的5个方面

格鲁诺斯顾客感知服务质量模型的最大贡献，就是确立了顾客感知服务质量评价的5个基本方面，如图6-8所示。

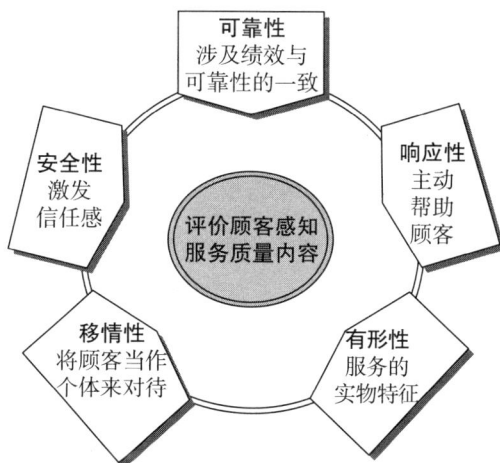

图6-8　顾客感知服务质量评价的5个基本方面

6.34.3　格鲁诺斯顾客感知服务质量新模型

1988年，格鲁诺斯对他1984年提出的第一个模型进行了修正，2000年又进行了再次修正。新模型主要体现在对企业形象问题的关注上，如图6-9所示。

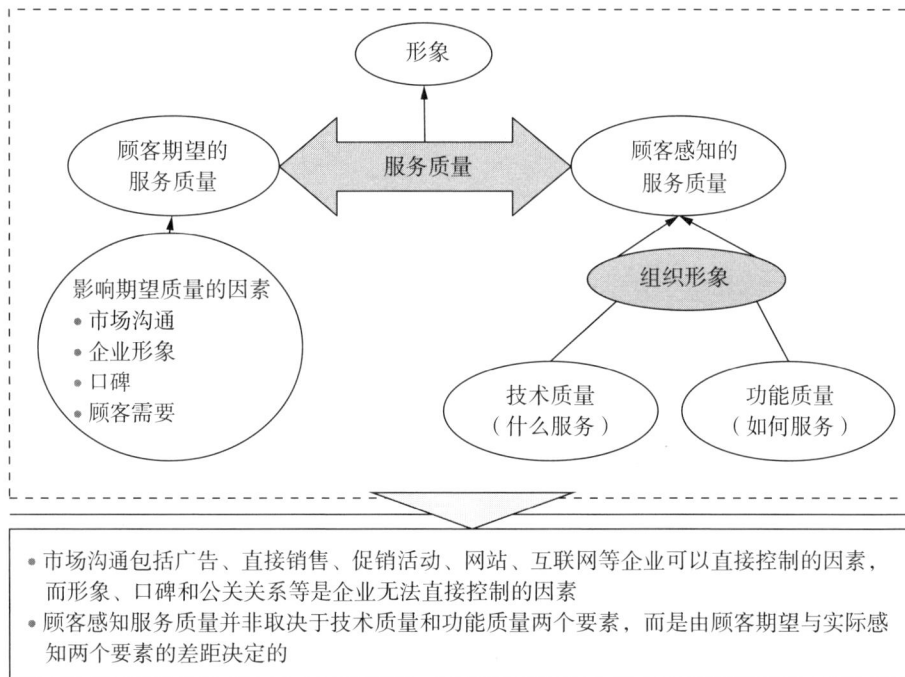

图6-9　格鲁诺斯顾客感知服务质量新模型

🍄加个任务

1.如何把格鲁诺斯顾客感知服务质量新模型运用到你自己的工作中？

2.搜集顾客对你所在部门生产的产品或提供的服务质量的反馈，越是批评的、不满意的，甚至指责式的内容，越应该引起足够的重视。

3.通过网站、微信公众号、APP、论坛等多种方式、多种渠道搜集顾客对你们公司品牌的议论，汇总、分类、分析后提交顾客满意度改进报告到主管领导面前，看看他的反应吧！

工具 35

关系质量模型：
超越产品的情商管理

6.35.1　关系质量模型相关术语

1995年，李亚德尔和斯特拉迪维克提出了关系质量模型，如图6-10所示。较之工具34，此模型增加了一个变量——顾客感知价值，即顾客感知质量与感知付出比较后得到的结果。如果感知质量超过感知付出，顾客会认为服务的感知价值较大，反之则较小。

这里"关系"的概念与我们通常所说的"职场关系"并不完全相同。有些情况下，顾客认为质量与付出不成正比，可能并不满意，但是关系仍有可能建立起来，不是有句话"买卖不成情义在"嘛。关系质量模型相关术语的解释如图6-11所示。

不知作为职场新人的你能否理解，职场中人与人之间除了金钱往来外，还有更多的情感交流；除了上下级之间、同事之间的身份存在外，彼此之间还存在许多其他关系：意见领袖、团队权威、同乡、同学、业务伙伴、协会会员、公益组织志愿者联盟等。

有时候，往往是这些其他关系帮了你业务上的大忙。那么如何经营这些所谓的其他关系呢？除运用这里的关系质量模型外，还要注意形象、承诺、行为和约束的层面。

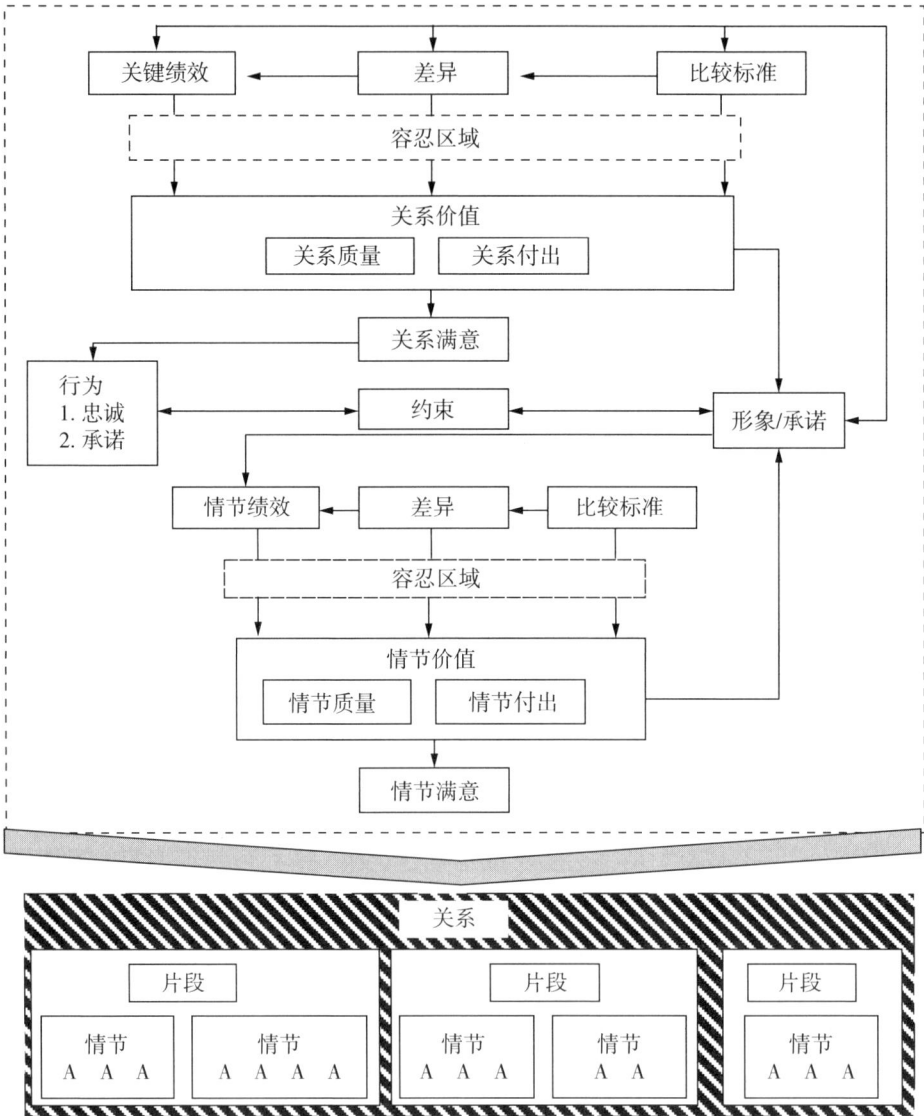

图6-10 关系质量模型的构成

概念	情节层次	关系层次
比较标准	各种比较标准，比如品牌的基准、适当的服务、产品的基准、最优品牌基准等	除预期外的所有比较标准
差异	直接或间接情节的差异比较	横向或纵向关系的差异比较
绩效	某一个特定服务情节的绩效	关系中所有服务情节的绩效
容忍区域	实际服务中，顾客可以接受的服务变动范围	关系绩效中顾客可以接受的服务质量范围
质量	某些服务标准比较后，对服务质量形成判断	对所有情节所形成的质量主观认知
付出	与标准价格或其他准则比较后形成的感知	关系发展中的感知付出
价值	情节质量与情节付出比较后的结果	关系质量与关系付出比较后的结果
满意	基于服务情节形成的主观但有影响力的评价	对关系中所有服务情节的主观评价

图6-11　关系质量模型相关术语的解释

6.35.2 形象、承诺、行为和约束

从关系质量模型也可以来分析"搞关系"（形象、承诺、行为和约束的层面）的重要性，如图6-12所示。我们可以以保险推销人员的一些做法为例来验证一下。

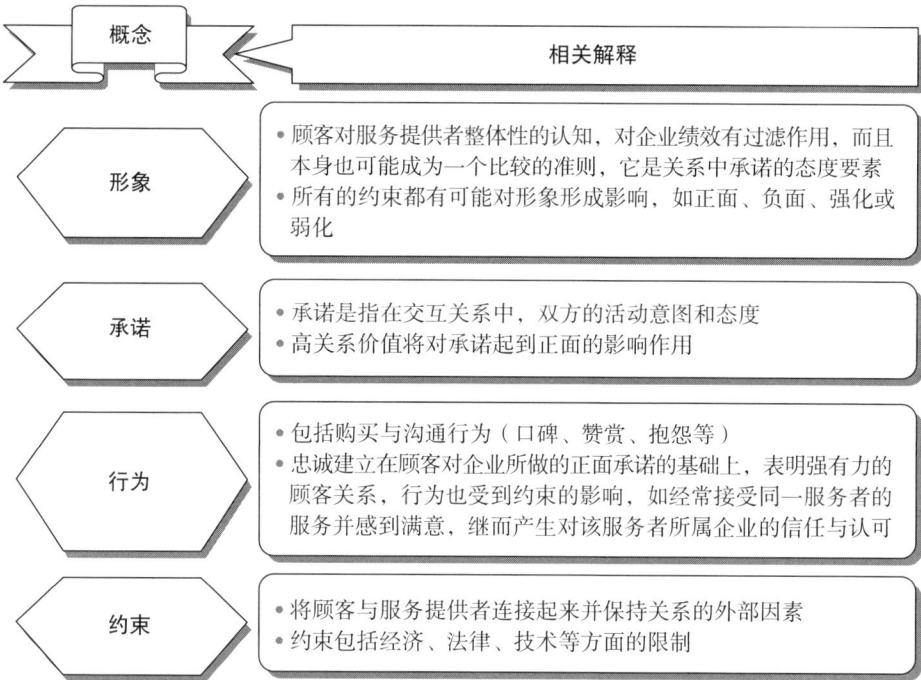

概念	相关解释
形象	• 顾客对服务提供者整体性的认知，对企业绩效有过滤作用，而且本身也可能成为一个比较的准则，它是关系中承诺的态度要素 • 所有的约束都有可能对形象形成影响，如正面、负面、强化或弱化
承诺	• 承诺是指在交互关系中，双方的活动意图和态度 • 高关系价值将对承诺起到正面的影响作用
行为	• 包括购买与沟通行为（口碑、赞赏、抱怨等） • 忠诚建立在顾客对企业所做的正面承诺的基础上，表明强有力的顾客关系，行为也受到约束的影响，如经常接受同一服务者的服务并感到满意，继而产生对该服务者所属企业的信任与认可
约束	• 将顾客与服务提供者连接起来并保持关系的外部因素 • 约束包括经济、法律、技术等方面的限制

图6-12　关系质量中的形象、承诺、行为、约束

1. 为了增强社交性联系，保险推销人员给客户邮寄私人信件，增强客户归属感，使他们觉得保险公司对他们特别重视。

2. 为了增强信心，保险推销人员给客户寄年度财务报表，使他们了解本公司财务的稳定性，增强对品牌的信任度。

3. 为了强化利益，保险推销人员给客户邮寄结算单，使他们了解已积累的现金价值、已付清的保险费，以及他们为什么应继续投保等。

6.35.3 关系质量模型应用须知

利用关系质量模型可以帮助智慧职场新人理解很多长时间纠结于心的问题：为什么卖产品之前先推销自己？为什么老板说长得喜庆对推销产品有优势？为什么有人说女生做销售更容易成交？等等。那是因为顾客对于一家公司的产品或工作人员是否认可，除了考虑产品的质量、服务的感受，还会考虑其衍生价值，以及类似"投入产出比"指标的比较效应。

也就是说，职场新人应用李亚德尔和斯特拉迪维克的关系质量模型解决与客户产生的距离感，并建立强关系时，需要注意4个方面，如图6-13所示。

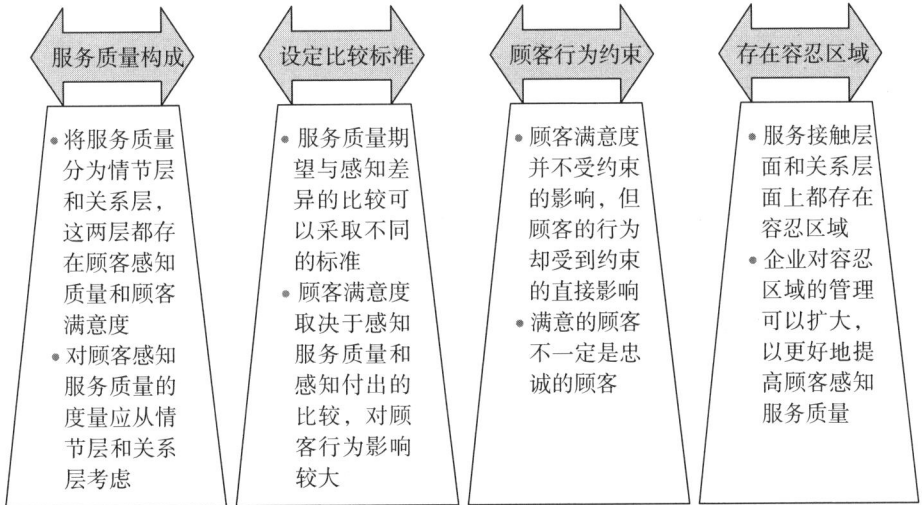

服务质量构成	设定比较标准	顾客行为约束	存在容忍区域
• 将服务质量分为情节层和关系层，这两层都存在顾客感知质量和顾客满意度 • 对顾客感知服务质量的度量应从情节层和关系层考虑	• 服务质量期望与感知差异的比较可以采取不同的标准 • 顾客满意度取决于感知服务质量和感知付出的比较，对顾客行为影响较大	• 顾客满意度并不受约束的影响，但顾客的行为却受到约束的直接影响 • 满意的顾客不一定是忠诚的顾客	• 服务接触层面和关系层面上都存在容忍区域 • 企业对容忍区域的管理可以扩大，以更好地提高顾客感知服务质量

图6-13 关系质量模型应用须知

工具 **36**

532绩效考核模型：
用心良苦

生产出好的产品并卖给顾客仅是第一步，这是如何把"蛋糕"做大的问题。接下来的第二步，是如何分"蛋糕"或考核指标确定的问题。职场新人无论在哪个岗位上，其实同时也是一名营销，再加上很多企业实行"全员营销"，这就是多劳多得、少劳少得、不劳不得的铁律。

532绩效考核模型是国际上较为流行的一种绩效考核模型，是在进行利益分配时，在个人、小团队、单位大集体之间用5：3：2的比例进行分配，主要分为主动争取的客户和寻找上门的客户两种情况。

主动争取的客户

主动争取的客户，指营销人员通过个人的主观努力而争取到的客户，与客户的合作期为1年，共分为3种类型，如表6-10所示。

表6-10　主动争取的客户类型

类型	说明
一般销售的532	一般销售的532绩效考核模型，指按照企业规定的价格底线进行销售，销售1件产品按个人"5"、部门"3"、企业"2"的比例对事先规定的提成额进行分配
计划奖励的532	计划奖励的532绩效考核模型，是以月为周期，以部门为单位进行考核。完成计划的部门以5：3：2的比例进行奖励；未完成计划的部门，无论个人业绩多么突出，都不享受计划奖励，但不影响适用于个人的其他考核条款

类型	说明
超价销售的532	超价销售的532绩效考核模型，指超过规定价格底线而进行的销售。由于每个人的谈判能力与技巧不同，销售的价格往往有差别；本着能力强多收益的原则，对超过价格底线以上部分的所得，以一定的比例参照"一般销售的532绩效考核模型"执行

寻找上门的客户

寻找上门的客户，包括主动找上门来的客户和合作期已超过1年的客户。对于此类业务的绩效考核办法，按"主动争取客户"50%的比例实施。当然，这一比例也要因产品种类、市场本身的情况予以权衡。

6.36.1　532绩效考核的应用

532绩效考核模型主要应用于企业绩效考核与利润分配方案的设计工作。但在实践中，企业往往会综合考虑员工岗位的性质，包括工作的独立性和结构性。

职场新人要深入了解企业设计532绩效考核模型的初衷、操作要求和价值所在，以便身在其中又不会"当局者迷、旁观者清"，赶上"激励的快车"。

532绩效考核模型的应用价值主要体现在3个方面，如图6-14所示。

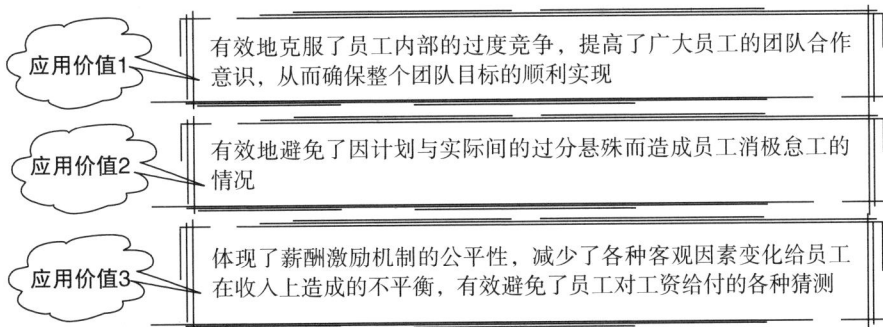

应用价值1 — 有效地克服了员工内部的过度竞争，提高了广大员工的团队合作意识，从而确保整个团队目标的顺利实现

应用价值2 — 有效地避免了因计划与实际间的过分悬殊而造成员工消极怠工的情况

应用价值3 — 体现了薪酬激励机制的公平性，减少了各种客观因素变化给员工在收入上造成的不平衡，有效避免了员工对工资给付的各种猜测

图6-14　532绩效考核模型的应用价值

6.36.2 智慧职场案例：532绩效考核

一般销售的532绩效考核模型应用

例如，某公司共有20人，其中销售部3人，公司规定销售1件产品的业务提成为10元，那么销售部员工A卖出了10件产品后的收益为：

员工A个人直接收益为：10×[5/（5+3+2）]×10=50（元）

销售部每个人的收益为：10×[3/（5+3+2）]×10/3=10（元）

整个公司每个人的收益为：10×[2/（5+3+2）]×10/20=1（元）

这样，员工A因销售了10件产品的总收益应为50+10+1=61元，这里不包括因他人销售产品而转移给A的收益，也不包括可能获得的完成计划的奖励和适用于整个薪酬制度的其他方案。

计划奖励的532绩效考核模型应用

假设该公司规定完成计划后单位产品奖励额为1元，销售部5月份的计划定额是300件；现在，销售部实际总销售量为360件，其中员工A完成了150件，则员工A可获得的奖励为75+36+3.6=114.6元，具体计算方法为：

员工A个人的直接奖励为：1×[5/（5+3+2）]×150=75（元）

销售部的间接奖励为：1×[3/（5+3+2）]×360/3=36（元）

整个公司的间接奖励为：1×[2/（5+3+2）]×360/20=3.6（元）

但是若销售部当月的实际销售量为290件，员工A虽然完成了150件，但因所在的销售部未能完成当月计划，所以不能获得直接的计划奖励，只有可能获得其他部门因完成任务而转移的奖励。

超价销售的532绩效考核模型应用

超价销售的532绩效考核模型应用参照"一般销售的532绩效考核模型"执行。

07

Chapter

第 **7** 章

跑完马拉松：
打铁还得自身硬

NBA著名篮球运动员迈克尔·乔丹说过："我可以接受失败，但绝对不能接受自己未曾奋斗过。"

自我修炼永无止境，归零思考以下5个问题：

1. 你是谁（Who are you）？对自己做一个深刻的反思和全面的评估，全方位地认识自己，具体包括学历、专业、兴趣、爱好、动机、能力、特长等。

2. 你想干什么（What do you want）？对自己职业发展的心理趋向进行检查，进一步明确职业发展方向。因为每个人在不同阶段的兴趣和目标并不完全一致，有时是完全对立的。

3. 你能干什么（What can you do）？一个人职业定位最根本的还要归结于他的能力，而他职业发展空间的大小则取决于他的潜力。

4. 环境支持或允许你干什么（What can support you）？从客观方面讲，明确或适应本地的各种状态，如经济发展、企业制度、人事政策、职业空间等；从主观方面看，洞悉或运营好各种关系，如同事关系、领导态度、亲戚关系等。

5. 最后你将成为什么（What can you be in the end）？列出不利条件最少的、自己想做而且又能够做到的职业生涯目标。

新人遇到的问题	智慧解决工具
做不到一次就做完、第一次就做好、零缺点成果	工具37：时间管理矩阵
控制不好会谈时间、进度，不能按时开始、准时结束	工具38：高效会见管理
要做到人事相宜、岗职相配、动态调整好难	工具39：人才测评术
找不到自己区别于他人的特点，也不会展示	工具40：长处管理策略
平时做事、说话没有逻辑，不懂得协调左右脑	工具41：思维导图
认为职场新人不必具备领导力，自己只是被领导	工具42：360度领导力

工具 37

时间管理矩阵：
遵循80/20法则

时间管理矩阵是指把时间按其紧迫性和重要性分成4类，以图示呈现要点，规划时间与工作关系的时间管理工具。针对职场新人提升工作效率这个永恒的主题，最为常用的一种方法是将时间管理矩阵与80/20法则结合运用。彼得·杜拉克认为，有效的管理者不是从他们的任务开始，而是从他们的时间开始的。时间管理的4个象限如图7-1所示。

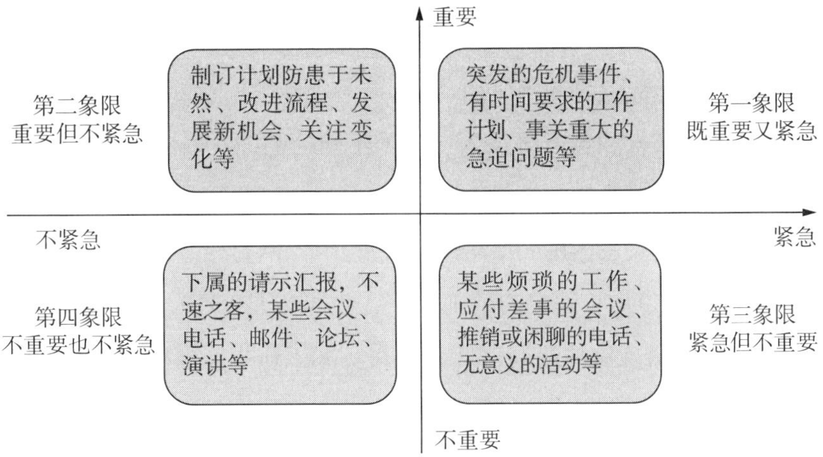

图7-1　时间管理矩阵的4个象限

运用时间管理矩阵可以通过几个步骤体现出来：首先写下你明天要做的几件最重要的事情；然后按照每件事情的重要性用数字标明其先后次序；接下来根据每一个行动方案的重要性和紧迫性，将所有方案分别填入时间管理矩阵的4个象限内；明天早上第一件事情是做第一项，直至完成或达到标准要求；然后开始完成第二项、第三项……每天都要这样做，直到养成良好的任务管理与时间管理的习惯。

7.37.1　80/20法则运用的3个注意事项

80/20法则又称帕累托法则，是19世纪末20世纪初意大利经济学家帕累托发明的。他认为，在任何一组东西中，最重要的只占其中的小部分，约20%，其余的80%尽管占多数，却是次要的，故称80/20法则。

80/20法则的应用范围十分广泛，可以涉及政治、经济、军事、社会活动、企业经营、组织管理等领域。在企业管理实践中，80/20法则主要应用于企业中的员工管理、决策管理、资产管理、营销管理及工作效率管理等。针对职场新人，这里主要应用于时间管理。

80/20法则运用原理体现的是：原因和结果、投入和产出、努力和报酬之间本来存在着的无法解释的不平衡。

一般来说，投入和努力可以分为两种不同的类型：多数（80%），只能造成少许的影响；少数（20%），造成主要的、重大的影响。

所以，职场新人在运用80/20法则的过程中，需要注意以下3点。

1. 这里的80/20并非确定的精确数字，也可以是90/10，或者是70/30等。80/20仅是对不平衡现象的粗略估计，而在实际工作中需要更为准确地分析、研究。

2. 这个80/20的比例并不是一成不变的，有可能现在是80/20，但很快就会变成90/10或70/30等。

3. 把80/20法则运用于时间管理，其实质就是控制做事情的顺序，把个人的主要目标、工作和责任列成一张清单，根据80/20法则确定哪些是能够体现80%价值的那些20%的任务。

7.37.2　80/20法则应用的6种类型

80/20法则的应用类型主要包括技术法则、市场法则、娱乐法则、副业法则、贵宾法则和品牌法则等，如表7-1所示。

表7-1　80/20法则应用的6种类型

序号	法则	法则运用解析
1	技术法则	比如，传媒业产值的80%来自技术设备业，只有20%来自内容产业。国际上将信息技术产业、新闻业和娱乐业统称为大媒体业，我们通常所说的软件其实是大媒体产业的硬件
2	市场法则	传播学原理认为，在产品同质化的形势下，方便是产品被选中的决定性因素。如，互动电视用机顶盒来完成观众与节目的互动，电视与短信互动的成功，再一次验证了这样的规律；再如网络领域中，短信、游戏等方便、低价的产品远远超越了电子商务业务
3	娱乐法则	比如，传媒内容业20%的产值在新闻，80%的产值在娱乐；而新闻集团的收入结构为40%来自新闻业，60%来自娱乐业，其中新闻部分主要来自其大众性报纸
4	副业法则	比如，传媒业20%的收入来自主业，80%的收入来自相关商品开发；相关商品开发指以内容主题、角色、影像、形体、名号、事件、创意为蓝本设计、制造、销售相关商品等
5	贵宾法则	给一个公司带来80%利润的是20%的客户。如果能把这20%的客户找出来，提供更好的服务，对于公司的发展和业绩的增长无疑是最大的帮助
6	品牌法则	20%的强势品牌占有80%的市场份额。一般来说，第一品牌的市场占有率比第二品牌高出一倍以上，在行业中是价值最大的品牌

7.37.3 高效时间管理的技巧

以下是时间管理技巧汇总，如表7-2所示。

表7-2 时间管理技巧汇总表

序号	时间管理技巧解析	
1	策略第一。做事情前有一个好的规划，用最快、最有效的方法完成目标	
2	分清轻重缓急，抓住重点。例如80/20法则：20%的关键付出决定了80%的结果	
3	马上行动，杜绝拖延。所有事情或一定要做的事情，一次性做完	
4	确定明确的目标与行动计划	
5	认识到每个人的时间都是有价值的	
6	珍惜今天，做到今日事今日毕	
7	争取第一次就做好，追求零缺点工作。如果重要事情只用了两分钟就做完，那么可能需要两个小时去修补。说话简明扼要，切中要害。事情结果的好坏取决于自己拟定的标准	
8	分配工作任务时，必须要求时限并给出验收标准	
9	善于授权	（1）能够授权就不要亲力亲为，并快速授权
		（2）分配工作时，必须了解下属的能力和才干
		（3）说明已经授予的权利，明确目标和期望
		（4）要对已经做好的工作进行评估、检查
		（5）注重结果而非过程
		（6）不能重复授权
		（7）由易到难、循序渐进地授权
		（8）出现困难时，帮助寻找解决困难的方法
		（9）不能姑息违背授权的行为
		（10）勇于承担自己的责任

序号	时间管理技巧解析	
10	整洁、调理	（1）要养成使用后物归原处的良好习惯
		（2）把同类同时使用的东西放到一起
		（3）给物品编号并贴上字条
		（4）把所有的钥匙集中起来管理
		（5）设立一套高效的文件处理系统
		（6）做事避免繁文缛节，力求复杂问题简单化，简单问题条理化，解决问题抓重点
11	养成快速、正确、高效的节奏感	
12	凡事以结果为导向，掌握过程中的关键事件、重要节点即可	
13	猴子管理法则	"猴子"等于问题，猴子管理法则的目的在于帮助经理人确定由适当的人在适当的时间，用正确的方法做正确的事。身为经理人要能够让员工去抚养自己的"猴子"，员工因此也就有了足够的时间去做规划、协调、创新等重要工作
		（1）"猴子"要么被喂养，要么被杀死。否则，他们会饿死，而经理则要将大量宝贵的时间浪费在尸体解剖或试图使他们复活上
		（2）"猴子"的数量必须控制在经理有时间喂养的最大数额以下。喂养一只正常状况的"猴子"时间应控制在5～15分钟
		（3）"猴子"只能在约定的时间喂养。经理无须四处寻找饥饿的"猴子"，抓到一只喂一只
		（4）"猴子"应面对面或通过电话进行喂养，而不要通过邮件，文档处理可能会增加喂养程序，但不能取代喂养
		（5）应确定每只"猴子"下一次的喂养时间。这可以在任何时间由双方修改并达成一致，但不要模糊不清。否则，"猴子"会饿死或者最终回到经理背上
14	不要让别人浪费你的时间。浪费你时间的人，他的时间通常没有价值，要学会说不、学会拒绝	

序号	时间管理技巧解析		
15	善于运用碎片化时间，善于运用等待的时间		
16	做到第一，胜过所有，每件工作任务完成后养成复盘的习惯，总结经验，吸取教训		
17	记录每一天所做的每一件事的时间，通过工作日志总结高效利用时间的技巧		
18	业余时间管理	睡眠	（1）培养快速入眠的能力，进行自我心理暗示和身心放松
			（2）注重睡眠的质量，营造良好的睡眠环境
			（3）利用白天瞬间睡眠，用好午间小睡福利，下午精力更充沛
		学习	（1）找一个标杆、一个案例、一个榜样，向成功者学习成功的方法
			（2）高效阅读，切忌逐字念出，包里随身带个笔记本，摘抄重点
			（3）参加研习会，当工作忙外出机会少时，可以看视频、上网课
			（4）制订长期和短期的学习计划，养成终身学习的习惯
		娱乐	参加一些文娱项目，但要适度、适量，切忌喧宾夺主影响工作

工具 38

高效会见管理：
把每一分钟用在刀刃上

一个人的时间是有限的。高效会见管理，是指职场精英在会见相关人员时，能够有效地节约时间、利用碎片时间，并得到有价值的会谈结果的一种方法。

高效会见管理既是时间管理的一种实用方法，也是沟通管理的一种方法。它可以应用于私人会见和官方会见。当然，这里主要探讨用于企业团体及个人的会见。

高效会见管理主要包括4个要点，如表7-3所示，这4个要点同时也是缩短会见时间的方法。

表7-3　高效会见管理的4个要点

序号	管理要点	具体内容分析
1	约定时间	即在组织面谈之前就相关主题和达成的结果来预估会见时间，并与会见对象进行约定，排好日程，以免出现时间冲突
2	约定时限	是在组织会见之前就会见的过程及时限进行约定，并提前学会和掌握解决无故拖延时间的方法
3	事先界定目标	尽可能事先确定会见目标，以便较为准确地预估会见用时。同时，也为会见所谈及的内容及目标提前提供有利的信息和支持条件
4	设定"窗口"时间	不是所有时间都开放，也不是所有时间都封闭，而是设定一部分"窗口"时间。在"窗口"时间内，可以会见相关人员。"窗口"时间的设置主要是针对上司、下属及合作伙伴就突发事件和重要工作进行双向沟通和谈判的

7.38.1　高效会见操作的3个步骤

高效会见管理的操作包括3个步骤，参考执行，必将提高你的面谈效率。

第1步，高效会见准备工作。

1. 确定会见的决定及目标。

2. 明确会见日期、时间及具体地点。

第2步，高效会见控制的4个事项。

1. 控制讨论进程。当会见对象的发言与会谈主题不相符时，应及时将其拉回到会谈主题上来。当会见对象稍有敌意时，应引导其客观、理性地表达看法。

2. 有效处理意见分歧。当会谈出现不一致意见而引发争论时，应对会见对象的观点进行归纳总结，以帮助会见对象厘清思路、把握要点。

3. 控制会谈时间最好按时开始，准时结束，不拖延。

4. 总结会谈成果，确认下一步行动计划。

第3步，高效会见跟踪与落实。

会见结束后，无论领导有没有安排，都应主动将会谈内容整理成会谈纪要。会谈纪要应包括责任人、具体责任、时间节点、具体完成时间及验收标准等内容。会见的关键在于落实，应该使会谈结果做到议而有决、决而有行、行必有果。

7.38.2 高效会见分析实用表单

在高效会见管理的运用过程中，较为重要的一项工作内容就是要事先设计一张高效会见管理工作分析表，如表7-4所示，对会见工作进行合理安排，对会见结果进行分析参考。

表7-4 高效会见管理工作分析表

会见分类	会见人	计划会见时间	实际会见时间	延误时间	原因分析
每日必须会见的人					
经常要见但并不是每日必须会见的人					
不定时间但是必须会见的人					
会见不常来往的人					
不速之客					

7.38.3　营销人员周工作计划表

营销岗位是需要拜访客户最多的岗位，但也不一定要和客户经常见面，结合其他沟通方式亦可实现高效会见管理的效果，如表7-5所示，营销人员周工作计划表列出了拜访、回访见面与打电话、微信沟通的计划。

表7-5　营销人员周工作计划表

姓名：　　　　　　　　　　　　　　　　　　时间：

时间 工作内容	周一	周二	周三	周四	周五	周六	周日
电话访问客户数							
微信拜访客户数							
陌生拜访客户数							
回访客户数							
回款额度							
本周签单数							
备注							

工具 39

人才测评术：
练就拳头产品

"找对人才，放对位置"对企业来说是一个关键问题。"找对人才"意味着要找到合适的人，"放对位置"意味着要做到"人事相宜、岗职相配、动态调整"。人才素质测评的五大要素如图7-2所示。

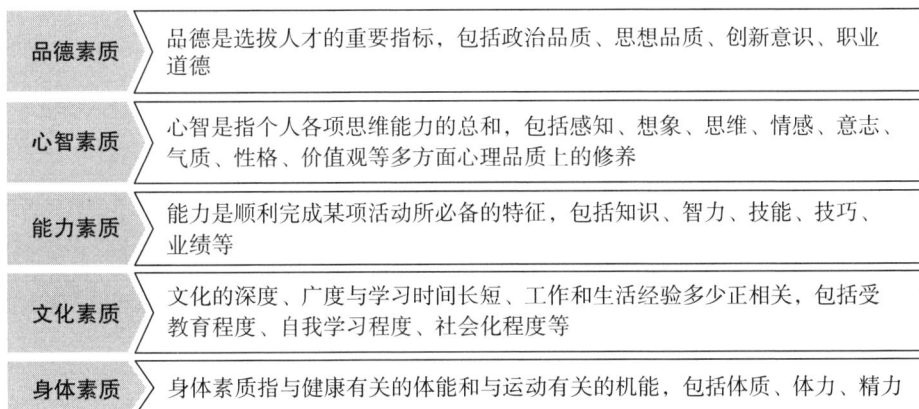

品德素质	品德是选拔人才的重要指标，包括政治品质、思想品质、创新意识、职业道德
心智素质	心智是指个人各项思维能力的总和，包括感知、想象、思维、情感、意志、气质、性格、价值观等多方面心理品质上的修养
能力素质	能力是顺利完成某项活动所必备的特征，包括知识、智力、技能、技巧、业绩等
文化素质	文化的深度、广度与学习时间长短、工作和生活经验多少正相关，包括受教育程度、自我学习程度、社会化程度等
身体素质	身体素质指与健康有关的体能和与运动有关的机能，包括体质、体力、精力

图7-2 素质测评五大要素

其中，"品德素质""身体素质"是针对职场精英测评的通用素质；"心智素质""能力素质""文化素质"主要是针对不同岗位设计的。当然，不同行业、不同岗位素质测评的具体内容诉求是不一样的。

总之，素质测评标准体系，对测评对象的数量与质量测评起着"标尺"作用。只有把素质投影到测评标准体系中，才能表现出它的相对水平与内在价值。下面列举企业中常见的3类岗位人员的素质测评指标体系，以供参考。

7.39.1 营销人员素质测评指标体系示例

营销人员在企业中负责市场渠道开发、产品销售等工作，而且他们与客户的接触频率很高，他们的言行代表了企业的形象，他们的素质水平在一定程度上会影响到客户对公司的印象、信任度和满意度。营销人员素质测评指标体系如表7-6所示。

表7-6 营销人员素质测评指标体系

一级指标	二级指标	三级指标
测评维度		测评内容
生理与心理素质	体质	健康状况、抵抗疾病的能力
	精力	高强度工作的承受能力、持久力
	外在形象	第一印象指数、外在形象指数
	个性倾向	包括职业兴趣与职业素养等
	性格特征	内外向性、自信性、乐群性、稳定性、兴奋性、敢为性、独立性、紧张性
	意志力	坚韧性、抗挫折能力、乐观程度
知识素质	专业知识	市场营销的基本知识和专业技能（如行为分析技能、市场预测技能等），测评其掌握知识的深度、运用知识的熟练程度
	其他相关知识	对企业与产品知识、市场与客户群体特点、相关法律法规的掌握程度
	生活知识	对社会、历史、地理、经济、文学、美学等方面知识的掌握广度
技能与能力素质	亲和力	是否具备能让周围人感觉到的亲和力以及不受职位、权威约束而真挚流露出的一种情感力量
	影响力	说服或影响他人接受某一观点、推动某一议程，或领导某一具体行为的能力
	人际沟通能力	正确倾听他人倾诉，理解其感受、需要和观点，并做出适当反应的能力
	市场拓展能力	应用沟通、组织、管理等技能和相关知识开展市场、拓展业务、提升个人绩效和企业产品市场占有率的能力
	商务谈判能力	在谈判中有效达成共识并最大限度地争取和维护公司利益的能力

7.39.2 财务人员素质测评指标体系示例

财务人员的素质构成主要包括生理素质、心理素质、知识经验素质、能力与技能素质4个方面。同时，基础财务人员和融资投资人员对各种能力素质的要求不同，测评的重点也有所不同，如表7-7所示。

表7-7 财务人员素质测评指标体系

测评要素		财务人员分类	
测评维度	测评内容	基础财务人员	融资投资人员
生理素质	体力	良好的身体素质	良好的身体素质
	精力	工作精力充沛，注意力集中	工作精力充沛，注意力集中
	外在形象	职业化的形象	职业化的形象
心理素质	个性特征	较低的乐群性和忧虑性、较高的有恒性和敏感性、一般的敢为性	较低的乐群性和忧虑性、较高的有恒性和敏感性、一般的敢为性
	职业兴趣	常规型	常规型
	职业素养	廉洁自律性、团队意识、忠诚度、严谨求实、责任心	成就动机、责任心、敬业精神、自信心、严谨求实、成本意识
知识经验素质	专业知识、公司相关知识、常识性知识	财务专业知识、会计从业经验	财经知识，以及金融、证券、投融资管理知识
能力与技能素质	人际沟通能力、分析判断能力、会计核算能力等	智力、数字敏感性、自控能力、数字反应能力、理解判断力、书面表达能力、关注细节能力、会计核算能力	智力、数字敏感性、沟通能力、数字反应能力、关注细节能力、财务管理能力、投资分析能力、财务分析能力、预期应变能力

7.39.3 行政人员素质测评指标体系示例

行政岗位对员工的基本素质要求，包括具备良好的人际沟通能力、适应能力、全面细致的分析能力，并且熟悉行政管理的专业知识和相关劳动法规，工作中应热情、可信、细致耐心，如表7-8所示。

表7-8 行政人员素质测评指标体系

测评维度	测评要素	
	二级指标	三级指标
生理素质	体质	身体健康状况
	身体条件	身高、视力、听力、形象
心理素质	一般能力倾向	常识判断能力、语言理解能力、资料分析能力
	特殊能力倾向	文书能力倾向（知觉速度与准确性）、创造力倾向、人际交往倾向
	性格特质	职业兴趣倾向、内外向性、责任倾向、情绪稳定性、严肃谨慎性、环境适应性、自律性
知识素质	行政专业知识	办公自动化、网络及安全、秘书学、公文写作、文书档案管理、会务、人际关系、外语、礼宾接待等知识的掌握程度
	专业技能	打字、速记、写作、阅读概括、编辑校对、文档管理、统计分析、自动化办公等技能的熟练程度
	沟通协调能力	文书表达能力、语言表达能力、人际交往能力、协调能力
	自我管理技能	组织计划能力、事务执行能力、学习适应能力、应变与自我情绪控制能力

工具 40

长处管理策略：
走好双线人生

只有具有突出的实力，即不同于他人的长处，才可以谈双线人生。双线人生是不满足单一职业轨迹，进行多元化选择的职业生涯规划方式。双线人生是针对企业职业生涯管理中的"技术""管理"双通道而设计的。

长处，就是你区别于他人、形成你个性特点、别人没有而你有或者别人有而你更优的技能。长处管理策略，就是根据每个人的个性、兴趣将其风格偏好分为卓越型、行动型、理性型与和谐型4种。每一种风格都有其优缺点，每一种风格也都有其价值所在。

一般而言，长处管理策略用于团队成员的高效配置时，可以使各种风格的成员都能发挥自己所长。职场新人可以对照长处管理策略看看自己属于哪种风格偏好类型，然后用九大工具进行长处展示。

7.40.1 长处管理风格偏好类型

对长处管理策略中4种风格偏好的分析，如表7-9所示。

表7-9 4种风格偏好的分析表

风格	说明	优缺点分析	自我管理方法
卓越型	个人目标是成为一个通过努力实现人生价值的人。基本理念通常是"如果我认真负责，并且明示我的价值，则我不必要求也会得到奖赏"。这种风格的人通常喜欢参与决策	优点是为他人着想、理想化、谦虚、依赖、忠诚、接受性强、有回应的、追求卓越、易合作的；优点过于发挥时，就会出现否定自己、空想、愚忠、被动过度投入、追求完美主义及屈从等缺点	采用理想化的诉求方式，向自己强调一件事值得做的理由，并设立高标准，抓住时机快速发展自我
行动型	个人目标是成为一个主动而能力超群的人。基本理念是"如果我想要事情发生，我必须使它发生"。这种风格的人若过度发挥，容易形成独战	优点是反应快、自信、求变、遇事质疑、强而有力、有竞争性、富冒险精神、坚持且以成果为导向；优点过度发挥时，则易冲动、急迫、好争辩，赌性强且没耐性	抓住机会，接受工作的挑战，承担责任，整合资源，用成绩和能力得到进一步的授权
理性型	个人目标是成为一个客观而合理的人。基本理念是"我必须维持我现有的一切，并运用现有的资源，谨慎而有条理地以以往的积淀去建立未来"。这种风格的人经常独善其身，面对事物以客观标准去衡量	优点是踏实、善于盘算、有保留、讲求事实、有原则、周全、做事谋求方法、具有分析能力且稳健；缺点是墨守成规、缺乏想象力、难沟通、易受限于资料、固执、学究式的苦心劳神、挑剔及过于小心	提出低风险的构想，利用数据和资料进行调研和分析，锻炼逻辑严密的思维，运用惯例、结构和框架
和谐型	个人目标是成为一个让人欣赏和受欢迎的人。基本理念是"只有在我先满足别人的需求和情感后，我才能期望得到奖励"。这种风格的人非常重视别人的需求	优点是善于变通、有实验精神、善于交际、谈判能力强、具有幽默感；缺点是前后不一致、漫无目标、阿谀奉承、过于迁就、没有主见	抓住与别人共事的机会，合作共赢，但是在原则性、规则意识方面需要改进

7.40.2 长处分析的9个展示工具

你真的会做，但领导不知道，没用；你真的有那些能力，但领导看不到，也没用。职场新人要善于总结自己，"日清日高"。下面用图7-3来总结并展示一下你的长处，以备有机会作为能够完成有挑战性任务的依据，供提薪、晋级参考。

工具 内容	运用方法	作用
实物展示	把你以往的作品实物、打印版资料呈现在领导面前	所有关键点都能被领导认知
专家的证言	一种信任背书，通过别人口中的评价来论证自己	让领导知道你的技艺和作用效果可信
视觉证明	不要在微信朋友圈晒家庭和孩子，而应该分享对自己职场有用的文章和图片	给领导以视觉感受
推荐信函	将在校导师、活动合作的大咖、上一任老板的推荐信函出示给责任领导看	极具说服力，增强领导关照你的信心
保证书	一类为保证完成任务的口头承诺，一类为书面签字的正式"军令状"	让领导放心授权，给予自己资源支持
客户的感谢信	将服务过的客户写给自己表达谢意的信件出示给领导看	证明自己实力最有效的方式之一
统计及比较资料	将一些数学的统计资料及竞争者状况比较的资料发给客户	让领导放心，认为交给你很踏实
成功案例	为领导提供一些过往的成功案例，如入党申请、求职面试时的重点经历	证明自己的功底很扎实，也给领导求证的机会
公开报道	将你写的书、论文，在报纸、杂志上刊载报道你事迹的文章出示给领导	证明自己可以让领导产生信赖感

图7-3　长处分析的9个展示工具

工具41

思维导图:
心智图画像

　　思维导图又叫心智图,是表达发散性思维的图形思维工具,是以一个中心主题为核心,以辐射线形式连接相关想法、任务、内容或其他关联项目的图解方式。思维导图法是一种将放射性思考(人类大脑的自然思考方式)具体化的方法。进入大脑的所有资料,无论是感觉、记忆,还是想法,如文字、香气、线条、颜色、音符等都会成为一个思考中心,并由此中心向外发散出成千上万的节点,每一个节点代表着与中心主题关联的一个联结,而每一个联结又可以成为另一个中心的主题,如此向外发散出成千上万个节点。

　　通过思维方式绘图,不但可以开发思维潜力,更重要的是能够启发联想力与创造力,熟练掌握后会成为伴随整个职场生涯的好工具。思维导图的典型样例如图7-4所示。

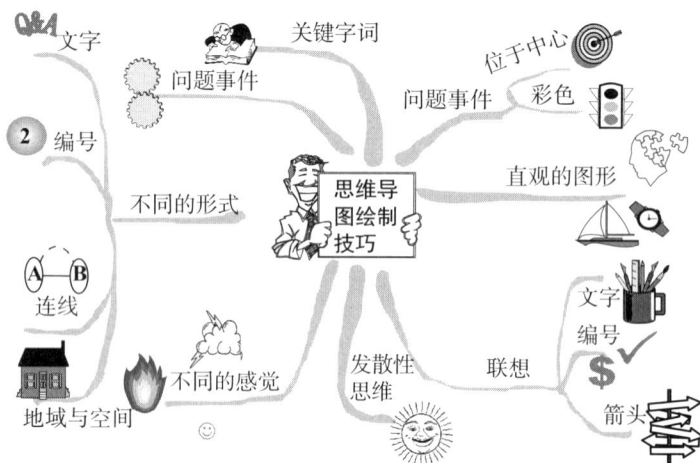

图7-4　思维导图样例

7.41.1　思维导图运用的4个要点

把思维导图当作梳理创意、写作文案、设计课程大纲、制作课件PPT或者开发图书目录等工作的工具，应注意以下4点事项。

1. 紧扣中心主题。由于思维导图的绘制没有严格的内容限制，所以运用时应紧紧围绕中心问题或事件绘制，尽力将因素和关键点及它们之间的关系描绘出来，以提高问题解决效率。

2. 重视经验积累。思维导图的每一个节点都有可能成为下一个中心问题或事件，因此职场新人在日常工作中，可通过绘制思维导图积累经验，以便在制订工作计划或解决问题时能够快速使用。

3. 与概念图交互使用。思维导图和概念图既有区别又有联系，在使用时可将思维导图的发散性思维方式和概念图的层次结构结合使用，以便更加有效地提高工作效率。

4. 恰当运用软件工具。当前已有很多思维导图的绘制软件可以帮助人们绘图，但利用绘图软件完成的思维导图往往过于呆板，且过于程序化和结构化，不易于人们发挥创造性思维和想象，因此有一定绘画基础或创意的"小蘑菇"可以手绘思维导图。

如果你能够熟练运用思维导图并举一反三，那么，它很快会成为你受用一生的好工具。

现在就试用一下吧！

7.41.2 思维导图实施的4个步骤

思维导图实施的4个步骤如图7-5所示。

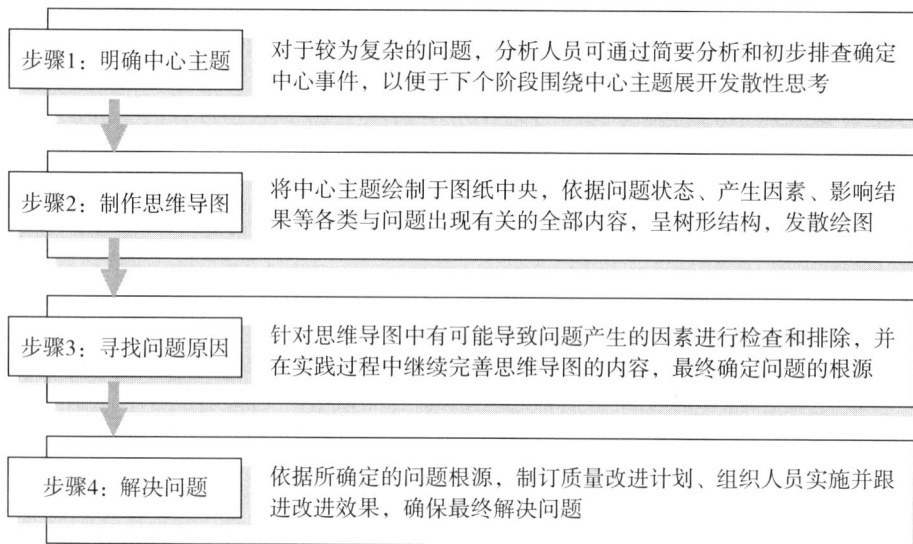

步骤1：明确中心主题	对于较为复杂的问题，分析人员可通过简要分析和初步排查确定中心事件，以便于下个阶段围绕中心主题展开发散性思考
步骤2：制作思维导图	将中心主题绘制于图纸中央，依据问题状态、产生因素、影响结果等各类与问题出现有关的全部内容，呈树形结构，发散绘图
步骤3：寻找问题原因	针对思维导图中有可能导致问题产生的因素进行检查和排除，并在实践过程中继续完善思维导图的内容，最终确定问题的根源
步骤4：解决问题	依据所确定的问题根源，制订质量改进计划、组织人员实施并跟进改进效果，确保最终解决问题

图7-5 思维导图实施的4个步骤

🍄 加个任务

将本书向前翻，第1章前面有个"工具地图"，专业的插画设计师已经把漂亮的模板绘制好了，即本书的框架结构，工具箱在中间，8条主干线代表8个章节，每一章都有6个智慧职场工具。等你看完本书后，自行在"工具地图"中绘制工具小图标并写上这48个工具的名称，这样可以检验你对工具的熟练程度。如果不够熟练，就把本书看3遍吧！

工具 42

360度领导力：
能扛事儿

领导理论大师沃伦·班尼斯（Warren Bennis）说过："领导力就像美，难以定义，但当你看到时，你就知道。"

管理学大师彼得·德鲁克（Peter. F. Drucker）说过："领导能力是把握组织的使命并动员人们围绕这个使命奋斗的一种能力；领导力是怎样做人的艺术，而不是怎样做事的艺术，最后决定领导者能力的是个人的品质和个性。"

全球公认的领导力专家约翰·科特（John Kotter）说过："我不认为领导能力是能够教出来的，但我们可以帮助人们去发现，并挖掘自己所具备的领导潜能。"

现代管理学家提出，如果人们对领导者能力的特质不是停留在感觉、印象的层面，而是把它抽象出来，就会构成一个360度的领导力模型。

7.42.1 360度青年领导力

谁说职场新人不用具备领导力？不是有自己领导自己的说法吗？不是有非领导岗位领导者的说法吗？不是有向上管理的说法吗？职场新人也要具有青年领导力，即360度领导力模型所包含的学习力、决策力、组织力、教导力、执行力和感召力，如图7-6所示。

1. 学习力构成了领导者超速的成长能力。所谓的学习力，就是指一个人的学习方法、学习态度和投入时间占比的总和。它不仅是指对知识学习的能力，更是指应对变化的环境做出快速反应的能力，这也是衡量领导者能力高低的尺度。

2. 决策力是领导者高瞻远瞩能力的表现。决策力能够识别和理解问题和机遇，比较不同来源的数据得出结论，运用有效的方法来选择行动方针或发展适当方法，采取行动来应对现有的现实、限制和可能发生的结果。

图7-6 360度领导力模型

3. 组织力是青年领导力综合的外在表现，是为了实现目标，灵活地运用各种方法，把各种力量合理地组织和有效地协调起来的能力。

4. 教导力是领导者带队育人的能力，是职场新人带实习生的能力。具有教导力，能将自己的知识和经验予以传播和教授，开发和培养人才，带领团队一同成长。

5. 执行力表现为领导者超常的绩效，是指把好的想法变成行动，把行动变成结果，高效率实现工作目标的能力。

6. 感召力更多地表现为领导者人心所向的能力，是对别人具有吸引力并受到拥护的一种人格特质及领导魅力。

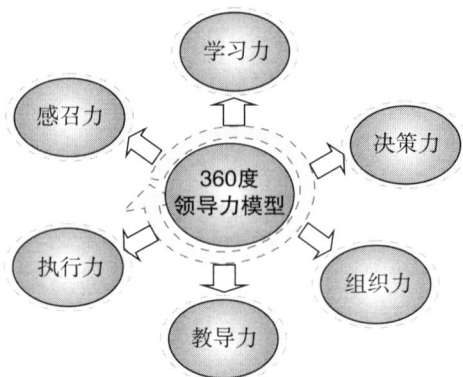

7.42.2 管理方格：5种领导方式

管理方格理论，是美国管理学者罗伯特·布莱克（Robert R. Blake）和简·莫顿（Jane S. Mouton）在俄亥俄州立大学领导行为四分图基础上，进一步研究后提出的。他们把领导行为四分图的纵、横坐标都分为9等份，纵横交错便形成有81种领导风格的管理方格图，如图7-7所示。

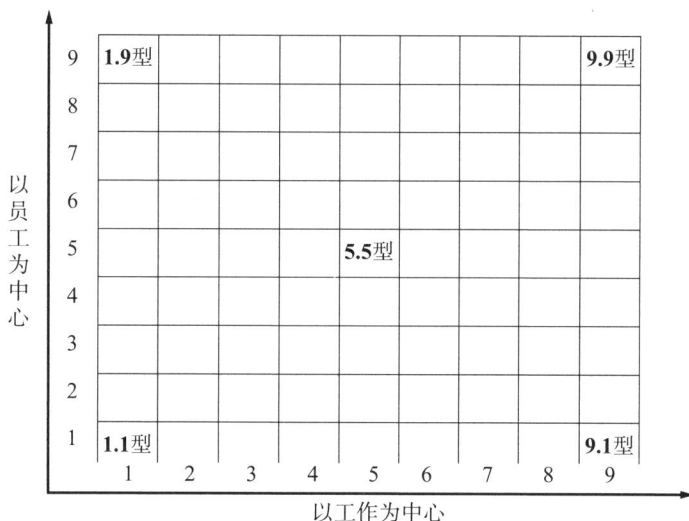

图7-7 管理方格图

以员工为中心的领导者主要关心人的问题，而以工作为中心的领导者主要关心工作或生产问题。领导者关心员工与关心生产的程度用1到9表示由低到高。图中根据领导者"以工作为中心"和"以员工为中心"程度的组合，可以将领导方式分为5种类型。

1. 平庸型领导（Impoverished Leadership），即图中1.1型，这种领导者既不关心生产，又不关心员工的情感与福利等，缺乏主见，逃避责任，与世无争，最低限度地完成任务。

2. 任务型领导（Task-centered Leadership），即图中9.1型，这种领导者非

常关心生产，但不大关心员工。他们主要借助权力等组织员工完成任务，独断专行，压制不同意见。

这种领导者在短期内可能提高生产效率，但由于不关心员工，不注意提高团队士气，因而高生产效率不能持久。时间一长，员工会产生抱怨和牢骚，生产效率就会下降。

3. 俱乐部型领导（Country Club Leadership），即图中1.9型，这种领导者只关心员工而不大关注生产。他们高度重视和谐友好的人际关系，尽量多结交朋友，不树立敌人，以多方面满足员工的需要来换取其支持和拥戴。但这种领导行为不利于生产效率的提高，在竞争激烈的现代社会生活中也很难立足。

4. 中间型领导（Middle-of-the-road Leadership），即图中5.5型，这种领导者推崇"折中主义"，不用恰当的方法解决问题，也就是在处理生产与员工需要的矛盾上，不是去寻求对生产和员工都有利的优化策略，而是寻找两者可以妥协的地方，比如将生产目标降到员工们乐于接受的程度。因此，这种领导行为虽然要求完成必要的任务，又要求保持必要的士气，但生产效率与人们的积极性都存在局限性。

5. 团队型领导（Team Leadership），即图中9.9型，这种领导者既十分重视生产，又十分关心员工。他们总是努力寻找解决问题的优化方法，使关心生产与关心员工协调一致，统筹解决。他们的目标是使组织效能不断改善，组织中的人不断发展。这种领导行为是比较有效的，因为关心生产与关心人两个方面会相互影响，相互促进。

布莱克与莫顿认为，在这5种典型的领导类型中，团队型为最佳管理方式，其次是任务型，再次是中间型、俱乐部型，最后是平庸型。

你们部门或团队中的现任领导哪种领导方式最突出呢？又有哪位领导的管理风格是两种或多种领导方式的结合呢？你以后想运用哪种领导方式带领你的团队呢？

08

Chapter

第 8 章

摔面具做自己:
新枝似柳，旧枝类鞭

画梅有四贵：贵稀不贵繁，贵瘦不贵肥，贵老不贵嫩，贵含不贵开。

画梅起手式7则如图8-1所示。

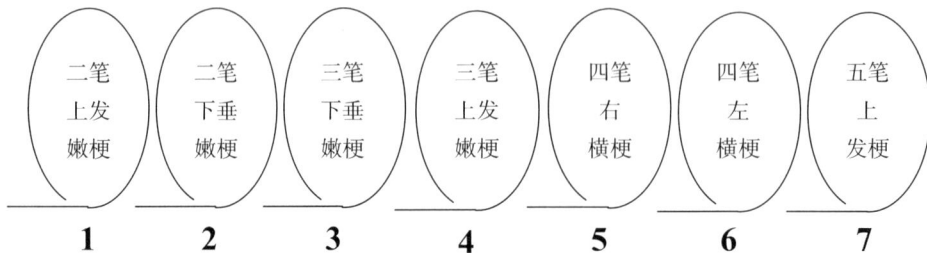

二笔上发嫩梗	二笔下垂嫩梗	三笔下垂嫩梗	三笔上发嫩梗	四笔右横梗	四笔左横梗	五笔上发梗
1	**2**	**3**	**4**	**5**	**6**	**7**

图8-1　画梅起手式7则

傲骨梅无仰面花。职场新人应像梅，剪雪裁冰，一身傲骨，清华其外，淡泊其中，不做媚世之态。上面我们讲了画梅起手式7则，智慧职场也有起手式8则，如图8-2所示，我们必须掌握并熟练运用48个工具，才能做自己内心真正想要成为的那个自己。

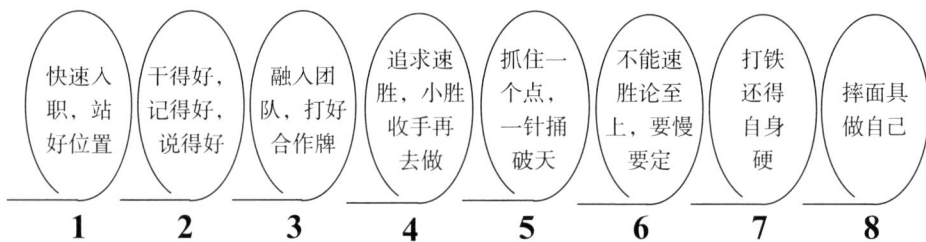

快速入职，站好位置	干得好，记得好，说得好	融入团队，打好合作牌	追求速胜，小胜收手再去做	抓住一个点，一针捅破天	不能速胜论至上，要慢要定	打铁还得自身硬	摔面具做自己
1	**2**	**3**	**4**	**5**	**6**	**7**	**8**

图8-2　智慧职场起手式8则

新人遇到的问题	智慧解决工具
没有模板，不知道个人可以与企业、与竞争对手对标	工具43：COSO模型
没有目的、目标，不知道采取策略，也不清楚下一步怎么走	工具44：OGSM模型
能否练就不被掉在骆驼身上的最后一根稻草压倒的能力	工具45：超级抗压力
不做调查研究，不做信息分类、汇总与分析，讲话没有说服力	工具46：亲和图法
没有想法，没有榜样，没有时间节点，不知道"柳暗花明又一村"	工具47：生涯规划
经常屡战屡败，不撞南墙不死心，不知道转换思维，不知道如何晋升	工具48：屡败屡战

工具 43

COSO模型：
管理竞争对手风险

COSO是美国虚假财务报告委员会下属的发起人委员会（The Committee of Sponsoring Organizations of The National Commission of Fraudulent Financial Reporting）的英文缩写。COSO风险管理模型，是根据COSO委员会提出的《COSO内部控制整合框架》设计的一种管理模型。

COSO风险管理模型是针对整个企业运营过程的风险管理，企业应从规划、生产、运营和管理的全局出发，从企业总体层面上全面运用COSO风险管理模型。

COSO风险管理模型主要包括8个风险管理要素，即内部环境、目标制订、事项识别、风险评估、风险反应、控制活动、信息沟通、监控。这8个要素相互串联并对风险管理产生重要作用。

COSO风险管理是一个过程，企业在实际运用COSO风险管理模型时应注意遵循该模型的操作步骤。同时，企业管理层应有一个共同的风险组合观念，力求风险管理目标的实现。

企业进行风险管理，不仅要修炼自身，注重内部环境，更需要关注竞争对手。没有比较就没有超越，其实自己真正的画像更多是从公司领导、主管、同事、身边的朋友、竞争对手那里的碎片化信息拼凑起来的。

8.43.1 COSO风险管理模型要素矩阵

以下是企业COSO风险管理模型的要素矩阵，如表8-1所示。

表8-1 企业COSO风险管理模型要素矩阵

要素编号	要素名称	要素说明	要点介绍
1	内部环境	内部环境是其他所有风险管理要素的基础，影响目标制订、业务活动组织和风险识别、评估和执行、信息和沟通系统及监控活动	内部环境主要包括员工道德观和胜任能力、人员的培训、管理者的经营模式、分配权限和职责的方式
2	目标制订	根据任务预期确定目标，选择战略方案，确定子目标并层层分解和落实	各子目标都应遵循企业的战略方案并与战略方案相联系
3	事项识别	管理者意识到不确定性，应考虑可能影响事项发生的各种企业内外部的因素	外部因素：经济、商业、自然、政治等；内部因素：企业设施、人员、生产等
4	风险评估	风险评估可以使企业了解潜在事项如何影响企业目标的实现	管理者应从两个方面对风险进行评估，即风险发生的可能性和影响
5	风险反应	考虑风险反应并执行风险反应方案是企业风险管理不可分割的一部分	选择可使风险发生但影响落在风险容忍度之内的风险反应方案
6	控制活动	控制活动帮助保证风险反应方案得到正确执行的相关政策和程序	控制活动包括确定工作活动政策和影响该政策的一系列过程
7	信息沟通	企业内部和外部的相关信息以一定格式和时间间隔确认、捕捉和传递，保证员工履行职责	沟通包括企业内自上而下、自下而上及横向沟通；有效沟通包括与企业外部相关方的有效沟通和交换
8	监控	风险管理监控是评估风险管理要素的内容和运行，以及一段时期执行质量的一个过程	持续监控和个别评估都是用来保证企业的风险管理在企业内各管理层面和各部门持续得到执行

8.43.2 COSO内控框架助力自我完善

如图8-3所示，是COSO内控框架示意图。

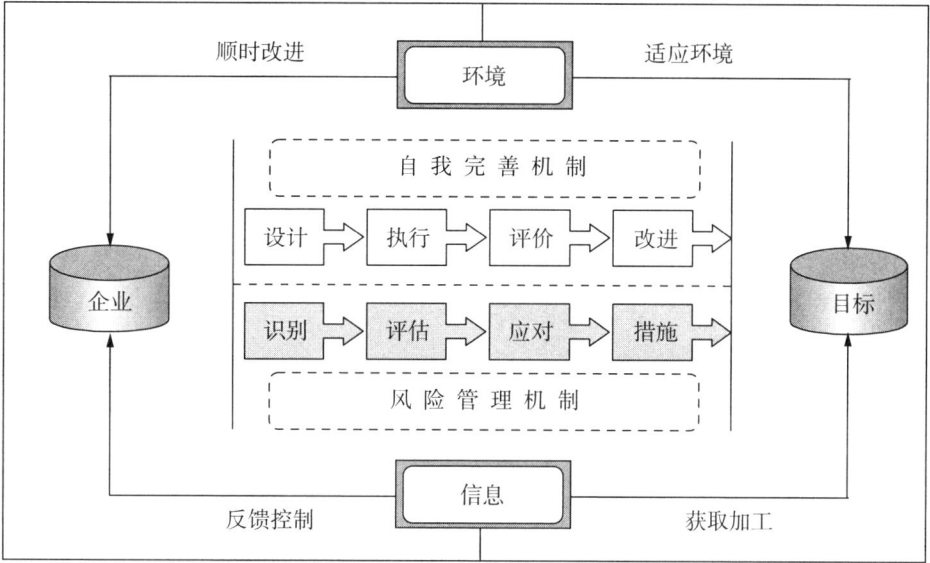

注：其中，"识别、评估、应对、措施"是风险管理机制的操作程序，"设计、执行、评价、改进"是自我完善机制的操作程序。

图8-3　COSO内控框架示意图

职场新人运用COSO内控框架的"识别、评估、应对、措施"机制，可以结合本书的"SWOT分析法"等工具；运用"设计、执行、评价、改进"自我完善机制，其中的"评价"环节是最重要的，可以使用下一节介绍的"竞争对手分析模型（企业+个人）"进行。

8.43.3 竞争对手分析模型（企业+个人）

企业有品牌，个人也有品牌，企业独特的产品或特色的服务是其核心竞争力；职场新人也可以像老板经营企业品牌一样经营自己的品牌，时间长了，可能同事都会说"这个事必须找谁谁谁去做，只有他最擅长！"

那么，拿企业来做假想的竞争对手构建对标模型，真正挖掘你的实力吧，如表8-2所示。

表8-2　竞争对手分析综合版对标模型（企业+个人）

对标项目	企业的产品或服务内容	对标项目	个人实力（职场新人请填空）
产品策略	技术含量、质量、主要性能、所使用的原材料、更新换代周期、工艺水平、主要卖点等	证书能力	
服务策略	服务政策、服务承诺、服务质量（服务兑现情况）	职业素质	
价格策略	竞争对手总体价格水平、各个细分产品的不同价格标准、价格定位、价格调整频率与力度、进货价、零售与结算价等	工资成本	
促销策略	• 促销的频率及力度 • 促销的形式及内容 • 促销成效及对品牌的好处 • 促销对企业员工、商家信心的提高	魅力展示	
品牌传播	• 在当地的广告宣传投入情况 • 终端卖场的产品陈列、展示 • 在当地的曝光率及品牌形象	个人品牌	
渠道策略	• 渠道政策：自建营销网络、直销、专卖店、电话营销等 • 渠道政策调整的频率和力度 • 新建渠道、维护渠道的举措	合作方式	
人力资源	• 对员工培训、教育是否到位 • 厂家与商家关系是否融洽 • 各种规章制度是否完善，特别是销售制度、策略 • 员工是否信心满怀、热情高涨	合作伙伴	

工具44

OGSM模型：
制订落地的行动方案

OGSM模型是一种制订战略计划的有效工具，使业务集中在主要目的、重要目标与关键策略上。同时它又是一种实践战略的手段，以达成理想的目的与目标。OGSM模型，通常用来制订个人、单位部门或整个企业的战略计划。

OGSM模型由Objective（目的）、Goal（目标）、Strategy（策略）、Measurement（测量）的英文首字母组成。OGSM模型基本原理示意图如图8-4所示。

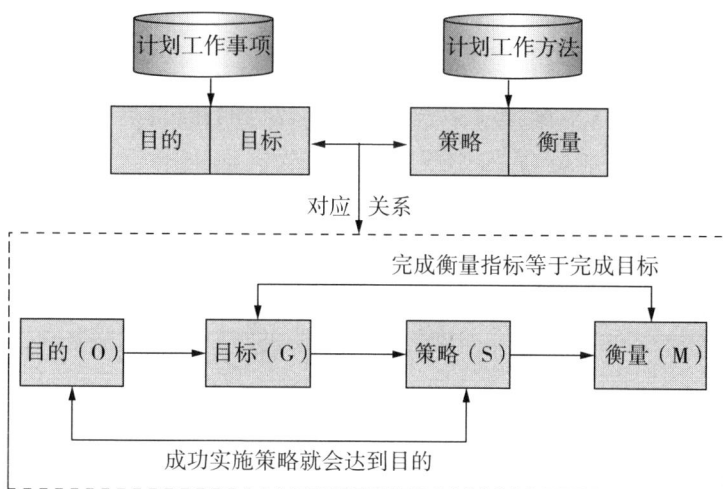

图8-4 OGSM模型基本原理示意图

OGSM模型能够解决3个问题：

1. OGSM模型能够帮助企业、部门或个人分析出清晰而现实的战略目标。

2. OGSM模型能够量化战略与现状的关系，引导绘制出实现战略的路径。

3. OGSM模型能够合理分配和利用资源，真正实现战略指导战术，让现在所做的每一件事都与战略一致。从战略目标到年度计划，从项目到任务，从任务到活动，环环相扣，让我们亲身体验到战略无处不在，让战略不再专属于股东们或企业高管层。

8.44.1　OGSM行动计划方案

美国前总统艾森·豪威尔说过："战略规划并不是要预言将来发生什么事，也不是提前做好以后5年的决策。战略规划只是一种思考的工具，思考为了取得未来的结果现在应该做些什么。"同理，职场新人也不必纠结于有没有所谓的远大理想，只要知道OGSM模型是一种可以用来制订战略计划的工具，想用随时就可以用。

但是，职场新人在确定了适合自己的职场目的和目标，选定策略后，必须确保制订的计划可测量。所以，在运用OGSM模型时，一般都会要求绘制OGSM行动计划方案，如表8-3所示。

表8-3　OGSM行动计划方案

目的	目标	策略	衡量标准	行动方案
（工作事项）	（工作事项）	（工作方法）	（工作要求）	（具体行动方案）
（文字）	（数据）	（文字）	（数据）	（具体计划安排）
（文字）	（数据）	（文字）	（数据）	（具体明确的数据）
（准确描述）	（准确描述）	（对应目的）	（对应目标）	（对应的策略）
……	……	……	……	……

8.44.2　智慧职场案例：应用行动计划

案例背景

小李是某公司销售部的一名销售经理，在2018年度工作计划完成情况落实中，发现了自己团队的不足和应该改进的地方。于是，小李通过搜集、整合信息，分析数据资料，终于找到了落实工作计划的有效途径和方法。

OGSM模型应用

1. 销售任务应由销售团队自下而上分解，根据客户需求、市场基础及竞争环境等影响因素写出销售计划草案，以保证销售计划的可行性。

2. 明确销售团队内部的执行规范和业务流程，保障销售计划的落实。

3. 进行销售计划的量化管理，比如销售部目标考核内容及标准，如表8-4所示。然后，再按照不同销售团队层级落实到季计划、月计划、周计划和日计划。

表8-4　销售部目标考核内容及标准

绩效项目	目标值及考核标准	配分	资料来源
销售额完成情况	考核期内，销售目标完成率达到＿＿%以上，销售额完成率每低于目标值1%，扣＿＿分	30分	销售报表
销售额增长情况	与上一月度或年度的销售业绩相比，销售增长率每增加1%，加＿＿分，每降低1%，扣＿＿分	25分	销售报表
货款回款情况	考核期内，销售货款回款完成率达到＿＿%以上，每超过目标值5%，加＿＿分，每低于目标值5%，扣＿＿分	25分	财务报表
新客户开发情况	考核期内，新客户开发达到＿＿户以上，与目标值相比每减少1户，扣＿＿分	20分	合作合同

4. 建立销售信息管理系统及时收集和反馈信息，监督和追踪销售计划的执行情况，根据信息反馈及时指导和修正销售计划的执行。

5. 按照时间周期，定期进行销售计划的落实进度评估。整个销售计划的执行始终遵循PDCA的原则进行过程控制。在严谨的过程管理下，最大化地有效执行和落实行动计划。

8.44.3　OGSM精准描述须知

Objective（目的）描述

要达成什么战略目标或者工作导向，通常只对一个领域或者最多两个领域进行描述。目的不要量化，要方向正确。

如果用数据描述目的，路径选择就变成了无数种，作为职场新人的你就无法准备资源，也无法配置资源。如何你把目的描述成"三年赚到一百万"，那么，你是把钱投到股市上去呢？还是炒期货呢？还是辛辛苦苦一个一个去拜访客户呢？可能你已经无法确定自己该定位在什么行业、什么领域，是不是只要赚钱的都可以呢？

有的人刚入职场时的目的是"快速成长，三年做到主管的位置"，你呢？

Goal（阶段目标）描述

怎样衡量达成目的过程中的阶段性进展；对量化指数时时追踪；可能的话用图表报告；目标应该是明确的、可量化的，与目的一致并且可实现的。

G是O的进一步细化，但值得注意的是，不能平均化阶段性目标。比如，你是做销售的，2019年的岗位销售额是120万，那么每个月的目标正好就是10万。这是不对的。因为总会有销售淡季或者旺季，旺季的时候阶段性目标要高，淡季的时候理应低一些。

职场新人制订战略计划也是如此，在职业生涯的上升或高峰阶段，肯定能够拿得出手很漂亮的报表和业绩，职位高，薪酬也不会低。反之，在求学阶段或者刚刚踏入职场时，需要虚心求教或者忍辱负重，阶段性目标就必须放低一些。职位高低薪酬多少应该放在是否有成长的平台和机会之后。

Strategy（执行策略）描述

执行策略指怎样完成阶段性目标的路径，针对企业而言，通常包括业务策略和组织策略两部分。业务策略主要包括企业如何赢得竞争优势的计划；

组织策略主要是指企业如何配置资源实现业务策略的计划。针对职场新人而言，就应该更加具体了，是既完成工作任务又能够获得成长的行动计划方案。

Measurement（评估标准）描述

就是什么人在什么时间内达成了什么结果。M的目的在于通过定期考量、及时检验和调整，有效追踪计划实现的过程。

对业绩的考核一定要清晰具体，职场新人不能主观地认为完成岗位说明书中的职责和任务就可以了，因为任务的真正完成是要拿到成果的，既有数量的要求，又有质量的要求，还有时间的要求，更需要用客观的数字来考量。

工具45

超级抗压力：
凤凰涅槃、浴火重生

林肯说过："想干成任何大事，都要坚持下去，只有这样才能取得最后的成功。其实，克服困难也许并不难，但难的是能否持之以恒地做下去。如果你能做到持之以恒，那么你就已经不同凡响了，获得成功是早晚的事情。"

抗压力强，就是打不死的"小强"；一件事、两件事，顶不住没有关系，再一再二不能再三再四，第三件事还顶不住，就是在考验你的管理能力。不会抗压、不能扛事，也就会失去能力提升、岗位晋升的机会。

哈佛大学的研究人员布林说过："我三十年的研究及超过一万两千篇的研究论文显示，当人做着自己热爱的事情的时候，他们会允许自己深度沉浸其中，当工作本身的价值被认可，创造力就会爆发。"

很多时候，压力大没有关系，因为你做着自己喜欢的工作，你把解决问题、克服困难、排除障碍当成了乐趣、锻炼的机会。但是，有压力必须疏导，只有痛快了才能顺利渡过新人蘑菇期，有备无患才自信，职场才保鲜。

8.45.1 压力疏导与发泄解压

任务没有进展，导致压力增大，此时必务要做压力疏导。压力疏导的3条途径如图8-5所示。

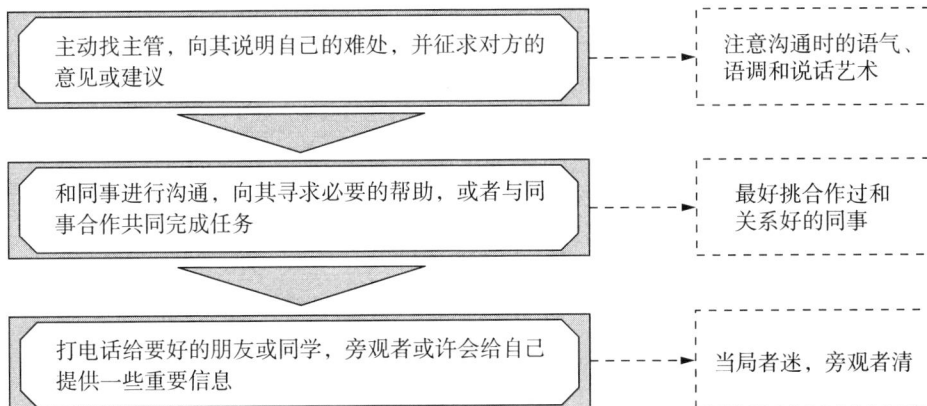

```
┌─────────────────────────────────┐         ┌ ─ ─ ─ ─ ─ ─ ─ ─ ┐
│ 主动找主管，向其说明自己的难处，并征求对方的 │ ··· ▶    注意沟通时的语气、
│ 意见或建议                        │          语调和说话艺术
└─────────────────────────────────┘         └ ─ ─ ─ ─ ─ ─ ─ ─ ┘
              ▼
┌─────────────────────────────────┐         ┌ ─ ─ ─ ─ ─ ─ ─ ─ ┐
│ 和同事进行沟通，向其寻求必要的帮助，或者与同 │ ··· ▶    最好挑合作过和
│ 事合作共同完成任务                 │          关系好的同事
└─────────────────────────────────┘         └ ─ ─ ─ ─ ─ ─ ─ ─ ┘
              ▼
┌─────────────────────────────────┐         ┌ ─ ─ ─ ─ ─ ─ ─ ─ ┐
│ 打电话给要好的朋友或同学，旁观者或许会给自己 │ ··· ▶    当局者迷，旁观者清
│ 提供一些重要信息                   │
└─────────────────────────────────┘         └ ─ ─ ─ ─ ─ ─ ─ ─ ┘
```

图8-5 压力疏导的3条途径

可以发泄解压，但不可以放纵泄压。发泄解压与放纵泄压的区别如表8-5所示。

表8-5 发泄解压与放纵泄压的5个区别

序号	发泄解压的表现	放纵泄压的表现
1	向他人倾诉	酗酒、滥用药物等
2	运动或健身	暴饮暴食
3	高声呐喊或唱歌	做出攻击性的行为,伤害自己或他人
4	外出旅游	做出过激的决定
5	借助宣泄室进行发泄	不作为,任由事态发展

8.45.2 自信提升的4个级别

职场只存在两种人：一种是忙得要死的人（因为工作和学习），一种是找不到工作的人。

据美国职业专家调研，现在职业半衰期越来越短，所有高薪者若不学习，不出5年就会被调为低薪。就业竞争加剧与证书层次高移是学历、知识折旧的重要原因。

据人才市场统计，25周岁以下的从业人员，职业更新周期为1年4个月。当10人中只有1人拥有电脑初级证书时，他的优势是明显存在的，而当10人中已有9人拥有同一种证书时，那么原有的优势便不复存在。

工作能力和学习速度的自信决定了你未来职场的竞争力。一般而言，自信的提升有4个级别，如图8-6所示。当然，对于职场新人而言，第3个级别恰到好处，而第4个级别的自信和成功仅适用于乔布斯那样的职场"老大"。

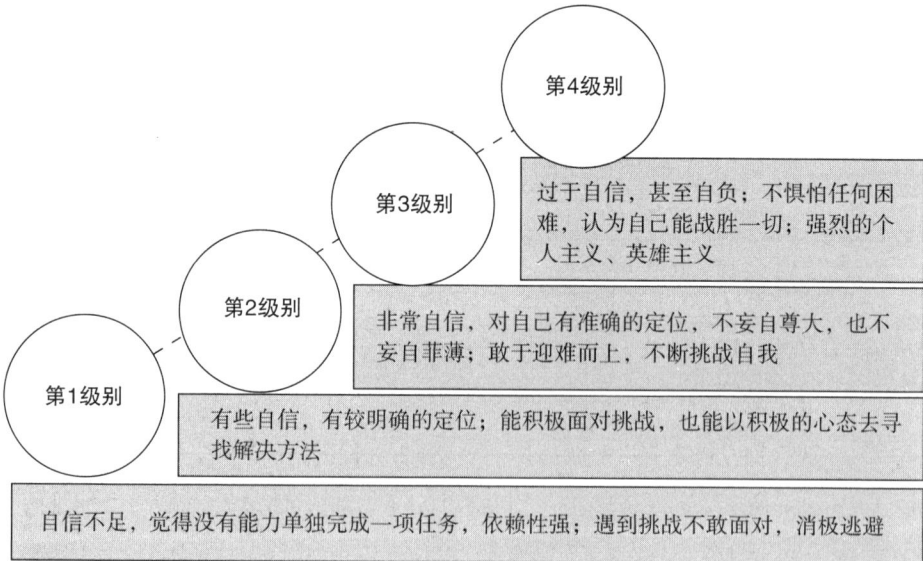

第4级别

过于自信，甚至自负；不惧怕任何困难，认为自己能战胜一切；强烈的个人主义、英雄主义

第3级别

非常自信，对自己有准确的定位，不妄自尊大，也不妄自菲薄；敢于迎难而上，不断挑战自我

第2级别

有些自信，有较明确的定位；能积极面对挑战，也能以积极的心态去寻找解决方法

第1级别

自信不足，觉得没有能力单独完成一项任务，依赖性强；遇到挑战不敢面对，消极逃避

图8-6　自信提升的4个级别

8.45.3 职场保鲜术 "5+2"

职场新人入职第一天很兴奋，领到第一个月的工资也很激动，这都是一辈子的记忆。当然，刚到公司上班的前三个月，他们也是充满热情的，但试用期过后，起初的冲劲儿就变小了。

就个人而言，像是家电或者机械、设备一样，都会因为使用而产生损耗。当然，如果不用也会随着时间流逝而折旧。

就职场而言，这里卧虎藏龙、人才济济、新人辈出，"长江后浪推前浪"，新人赶旧人，你不得不时刻保持一种主动竞争或被动出击的理念和态势。

职场保鲜是让职场人从身体条件、知识结构、工作心态、职业素质等各方面持续保持竞争力的保鲜方法。智慧职场保鲜术 "5+2" 如图8-7所示。

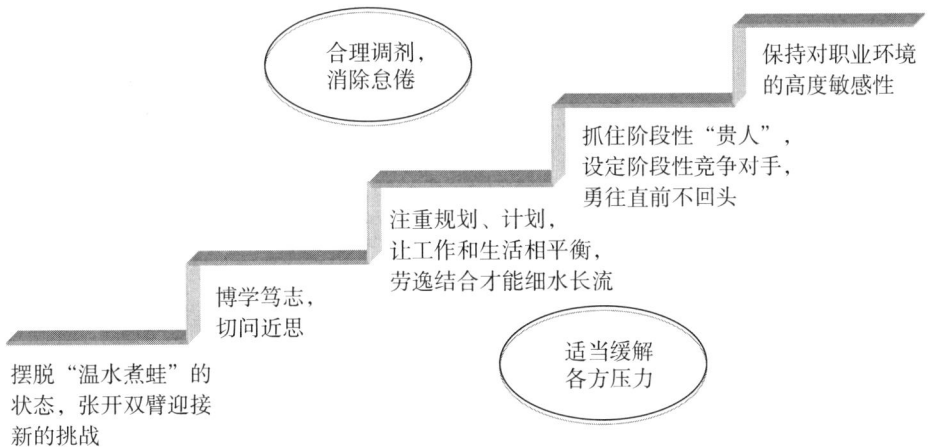

图8-7 职场保鲜术 "5+2"

工具46

亲和图法：
用CASVE模型做决策

亲和图法又称KJ法，主要是通过收集杂乱无章的各种资料，然后按其亲和性归纳整理，使问题明确起来，求得统一认识和协调，以利于问题解决的一种方法。其实施步骤如图8-8所示。

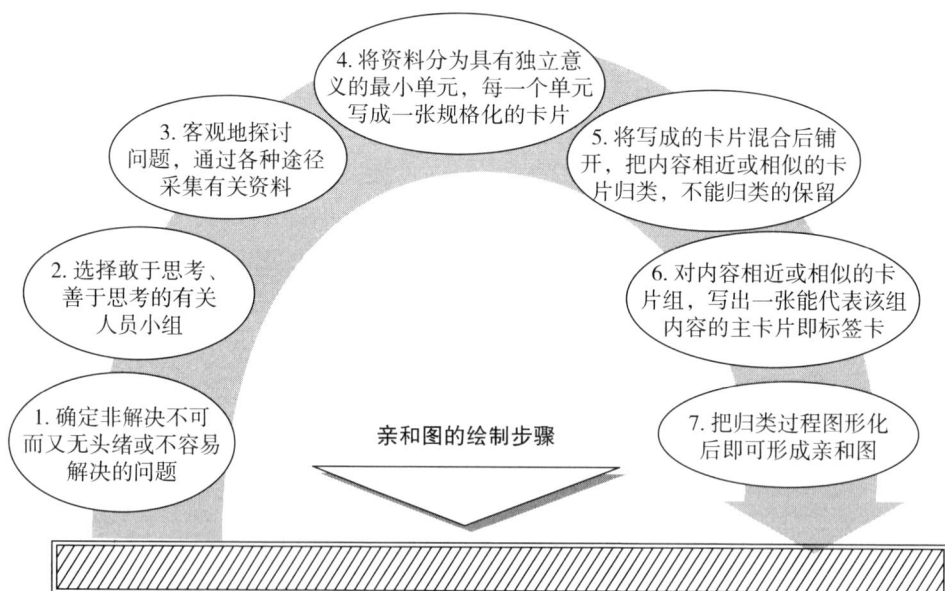

图8-8　亲和图法的绘制步骤

图中文字：

3. 客观地探讨问题，通过各种途径采集有关资料

4. 将资料分为具有独立意义的最小单元，每一个单元写成一张规格化的卡片

5. 将写成的卡片混合后铺开，把内容相近或相似的卡片归类，不能归类的保留

2. 选择敢于思考、善于思考的有关人员小组

6. 对内容相近或相似的卡片组，写出一张能代表该组内容的主卡片即标签卡

1. 确定非解决不可而又无头绪或不容易解决的问题

亲和图的绘制步骤

7. 把归类过程图形化后即可形成亲和图

8.46.1　亲和图常见用途及错误

亲和图法可以运用搜集、整理的资料为未知领域建立起系统的想法和思路，或为已知领域另开辟新途径、新办法。如图8-9所示，是亲和图法的4个基本用途及使用中常见的4类错误。

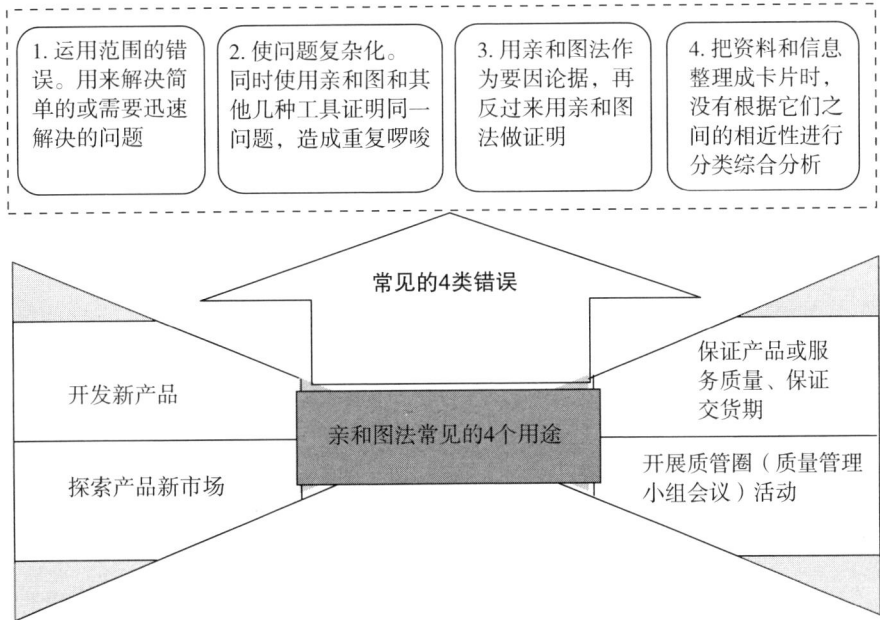

图8-9　亲和图用途及常见错误

8.46.2　信息加工CASVE模型

认知信息加工理论提出了CASVE模型，如图8-10所示。职场新人可以结合亲和图法整合的资料，运用CASVE来表述个体如何做出职业生涯的决策，也就是职业生涯决策的5个要素之间往返循环的过程，职场新人的生涯决策技能可以通过学习5个要素阶段与循环模型获得。

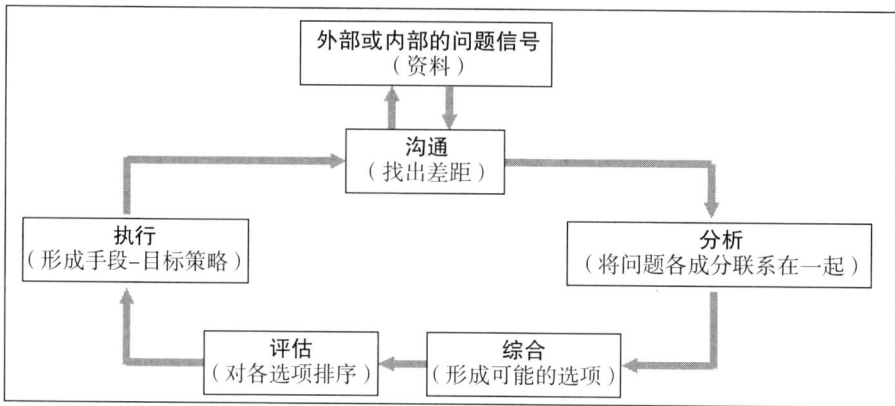

图8-10　信息加工技能的CASVE模型

1. 沟通（Communication）。通过沟通使个体意识到理想和现实之间存在的巨大差距，这是解决问题开始时需要的信号。这些差距可能是外部需求，诸如不良工作行为、自我破坏行为、体制机制障碍等，也可能是内部状态，如抑郁、焦虑或使人不舒服的其他情感等。

2. 分析（Analysis）。通过思考、观察和研究，对兴趣、能力、价值观和人格等自我知识及各种环境知识进行分析，获得关于自我、职业、决策及元认知的知识，从而更好地理解现存状态和理想状态之间的差距。

3. 综合（Synthesis）。精心搜索和综合选择。精心搜索是指查看各种可能性，以发现尽可能多的解决问题的方法。综合具体化是向那些和自己知识一致的解决方法靠拢。

4. 评估（Valuing）。对于综合阶段得出的职业进行具体的评价，获得每一项职业的可能性，以及每一项职业选择对自身及周围人的影响，从而对各个选项进行评估和排序，找出最优的选择。

5. 执行（Execution）。设计一项计划来实施某一职业选择，包括培训准备（如正规教育或培训经历）、实践检验（如兼职、志愿者工作）与正式入职等。

工具 47

生涯规划：
我的职场我做主

职业定位，就是清晰地明确一个人在职业上的发展方向，它是职场新人在整个生涯发展历程中的战略性问题，也是根本性问题。

在校期间也好，实习实践过程中也好，工作一段时间或一两年之后也好，真正认识或重新认识自己：我是谁，我适合做什么工作；然后如实告诉组织、合作伙伴你是谁，擅长做什么工作；最后，根据自己的爱好、特长、能力及个性将自己放在一个合适的工作岗位上。这里的"合适"是指公司、上级领导、主管、同事和自己都舒服的状态。

个人职业生涯规划，是职场新人对自己一生职业发展道路的设想和规划，包括选择什么样的职业，以及在什么地域、什么组织从事职业，还包括在这个职业队伍中担任什么职务等内容。

当然，随着职场新人的发展和企业需要的变化，个人职业期望和计划也会相应做出调整。所以，有效的职业生涯规划对于指导职场新人近期和远期努力的方向，同时顺应企业发展的需要起着重要作用。

职业生涯规划首要的是确立两种职业生涯目标，即长期职业目标和短期职业目标。通常前者是个人在10年内的职业发展目标，而后者则是1～3年内的职业发展目标，且后者是前者的具体化。长期目标与短期目标构成了一个金字塔形的目标体系，塔尖是长期的职业生涯展望，塔底部是无数个职业生涯短期的、具体的、依次实现的目标。

8.47.1 制订个人职业生涯规划的4项原则

制订个人职业生涯规划要遵守如下4项原则。

1. 实事求是、准确地自我认知与评价。职场新人可以从4个方面对自己进行全方位、立体化的认识和评价，如图8-11所示。

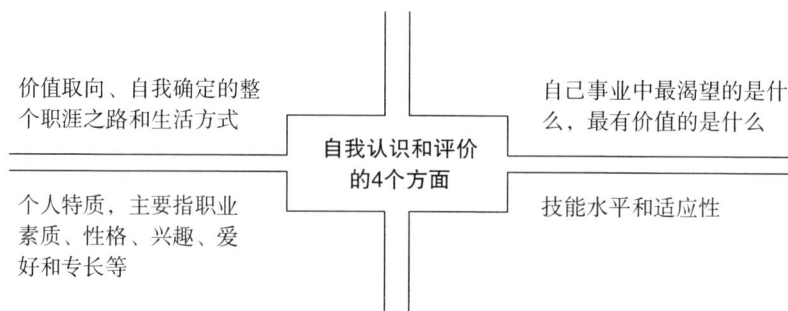

图8-11　自我认识和评价的4个方面

2. 职业目标要切实可行。一方面，职场新人的职业目标或职业需求，一定要同自己的能力、个人特质相符合；另一方面，要考虑周围客观环境和条件是否允许，能否促进职业目标的实现。

3. 个人职业目标与组织目标协调一致。员工借助于在组织中工作实现自身职业需求，职业目标在为组织目标奋斗的过程中得以实现，脱离组织目标谈论个人职业进步是不现实的。因此，职场新人在制订个人职业生涯规划时，可以与上级领导、主管沟通，争取支持。

4. 在动态变化中制订和修订个人职业生涯规划。职场新人应根据个人职业发展阶段的不同任务和个人职业特征，制订不同时期或阶段的个人职业生涯目标、要求和实现途径。制订后还需要依据客观实际情况的变化，不断调整、修改和完善。

8.47.2 实现个人职业目标的4条途径

职场新人实现职业生涯目标的4条途径如图8-12所示。

1	增加个人对组织的价值，保住现有工作，为个人职业生涯目标的实现奠定基础	一个人只有对组织有用，才能长期留在组织中。如果决心在本组织内发展，首要的一步是保住现有工作。为此，在个人职业生涯规划中，要预期在哪里、哪个岗位或哪项工作上能为组织持续地提供增值服务
2	请求担当责任更大、更繁重的工作，并切实完成好工作任务	一方面增加对组织的价值贡献，另一方面展示自己的实际能力，为个人职业目标实现、获得职业成功创造条件
3	预计未来目标成功将需要何种知识、技能，并设计以何种方式来获得这些知识和技能	（1）这是个人职业生涯成功的核心，职业生涯成功与否，固然有机遇因素，但是决定因素在于个人的知识和解决问题的能力 （2）在预计和获取过程中，个人职业期望必须与培训开发活动相结合，通过不断调整知识结构、提高运用能力来拓展职业成功的要素
4	培养提高人际交往能力，搞好组织内部的人际关系	组织内部人际关系，包括与上级、同级和下级的关系，反映了员工的一种工作环境，处理得不好，会成为个人职业成功的障碍

图8-12 个人职业生涯目标实现的4条途径

针对职场新人，有必要再探讨一下人际交往能力。人际关系的好坏，不仅反映了职场新人人际交往能力的大小，也反映了你适应环境、能动地改造环境的能力，还折射出你的思想意识和个人特质。因此，职业成功要求职场新人在处理人际关系时，应努力加强人际交往，建立良好的人际关系，为个人职业目标的实现寻求支持和帮助。

职业生涯规划可以选择多个方向，明确了职场新人职业生涯目标实现的4条途径后，接下来我们以技术方向、管理方向、自由职业为例，为职场新人指出明确的发展规划。

8.47.3 技术方向的职涯规划应用

技术类员工具有较强的技术，往往不愿意选择那些带有一般管理性质的职业。相反，他们总是倾向于选择能够保证自己在既定的技术或功能领域中不断发展的职业。

具备技术能力的职场新人职业生涯的核心，是追求充分施展自己擅长的技术才能，愿意从事以某种特殊技能为核心的挑战性工作，如技术工程师、技术开发、技术服务等岗位，而不擅长与人打交道，不乐意从事协调处理的事务，不期盼管理他人。

如果职场新人确定要在技术方向的岗位上一条道走到底，那么就要逐步修炼以满足该类职业的诉求特点，如图8-13所示。

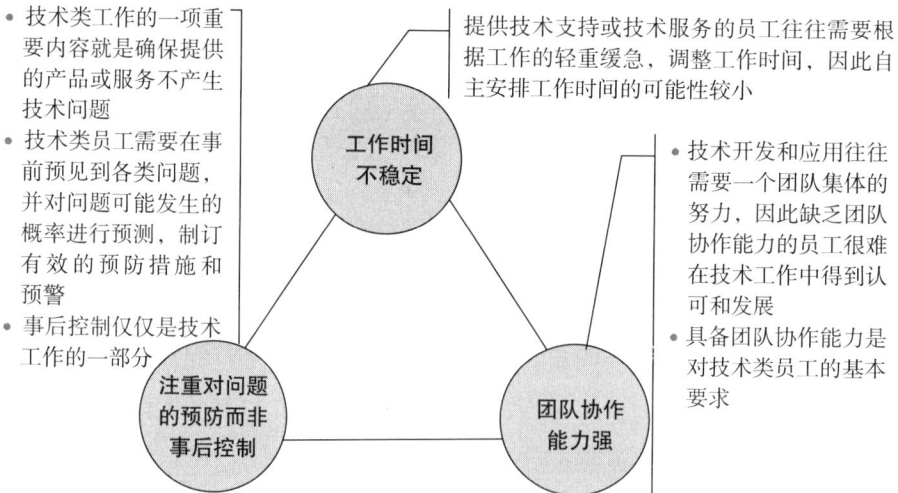

- 技术类工作的一项重要内容就是确保提供的产品或服务不产生技术问题
- 技术类员工需要在事前预见到各类问题，并对问题可能发生的概率进行预测，制订有效的预防措施和预警
- 事后控制仅仅是技术工作的一部分

提供技术支持或技术服务的员工往往需要根据工作的轻重缓急，调整工作时间，因此自主安排工作时间的可能性较小

工作时间不稳定

- 技术开发和应用往往需要一个团队集体的努力，因此缺乏团队协作能力的员工很难在技术工作中得到认可和发展
- 具备团队协作能力是对技术类员工的基本要求

注重对问题的预防而非事后控制

团队协作能力强

图8-13 技术方向职业的诉求特点

8.47.4 管理方向的职涯规划应用

有些员工表现出成为管理者的强烈动机，其在校经历和以往职业经历使得他们相信自己具备被提升到管理型岗位所需要的各种必要能力，他们乐于指挥、协调、组织。

职场新人可以对照表8-6中优秀管理类人员具备的3个方面的能力，确定自己是否真的想而且准备好了走向管理岗位。

表8-6 优秀管理类人员具备的3项能力

能力要求	阐释说明
分析能力	在信息不完全及不确定的情况下发现问题、分析问题和解决问题的能力
人际沟通能力	在各种层次上影响、监督、领导、操纵及控制他人的能力
情感能力	在情感和人际危机面前只会受到激励而不会受其困扰、被其削弱的能力，以及在较高的责任压力下不会变得无所谓的能力

管理类人员的能力通常以追求某一组织的高职位为核心，他们沿着一个组织的权利阶梯逐步攀升，直到全面执掌权力的高位，如主管、经理、总监、企业总裁、常务副总、首席执行官等是其职业的目标。

管理类人员把管理本身作为职业的最终目标，具体的技术工作或职能工作仅仅被看作是通向更高的全面管理层通道上的必经阶段。

管理类人员认为，他们的能力就在于把上述3个通用的能力加以组合。一个人要想升到管理的更高层面，接受更大的责任，必须在善于分析问题的同时，控制员工和自己的感情，做到铁面无私、公平、公正。

8.47.5 自由职业的职涯规划应用

自由职业倾向的人不乐于接受别人的管理，爱自己拿主意。他们选择职业要自己决定自己的命运，不希望受到他人的指使。在职场工作中，他们的提升、工作调动、薪金等诸多方面也不想受到别人的摆布，甚至认为企业的规章制度是一种束缚。

偏向自由职业方向的人群寻求职业的自由和自主。他们希望自己安排自己的时间，按照自己的工作方式和习惯做事，即使就职后也会选择恰当的时机离开组织。这类人群比较适宜从事的职业有4类，如图8-14所示。

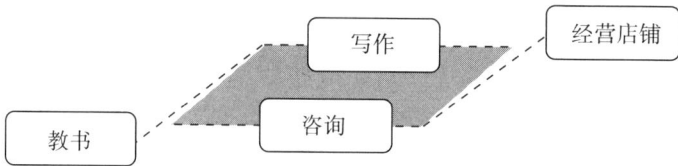

图8-14　自由职业人群的职业方向

这类人群中许多人还有着强烈的技术或功能导向。然而，他们却不像持有技术或功能型的人那样到一家企业中去追求技术的提升，而是决定成为一位咨询专家，要么是自己独立工作，要么是与企业建立兼职、顾问的合作伙伴关系，或者成为一名工商管理方面的导师、工作室创始人、自由撰稿人或小型零售公司的负责人等。

总之，成为一名自由职业者，也是越来越多年轻人职涯规划的倾向。

工具 48

屡败屡战：
我的快速晋升经验

　　史玉柱说过："作为我们曾经失败过，至少有过失败经历的人，应该经常从里面学点东西。人在成功的时候是学不到东西的，人在顺境的时候，沉不下心来，总结的东西自然是很虚的。只有失败的时候，总结的教训才是深刻的，才是真的。"

　　职场新人不要急，每个职场老前辈从"小蘑菇"到职场精英都经历了一个"从1到无数次失败又爬起来"的过程。只要每一次你都把手头的工作做好，你的能力自然就提升了，晋升的机会自然也就会来到你的面前了。

　　比尔·盖茨说过："幸运之神会光顾世界上的每一个人，但如果她发现这个人并没有准备好要迎接她时，她就会从大门走进来，然后从窗户飞出去。"

　　"小蘑菇"，你做好准备了吗？你准备好迎接明天晋升的机会了吗？

　　晋升，指员工向一个比之前工作岗位挑战性更高、所需承担责任更大及享有更多职权的工作岗位流动的过程。下面直接来看一个"坐电梯晋升"的小案例，一方面探讨一下能够快速晋升的职场前辈的经验，另一个方面，为职场新人提供3个典型岗位的晋升通道案例，作为参照和未来的展望。

8.48.1 智慧职场案例：坐电梯晋升

案例背景： 三类员工和老板在电梯口相遇。

1. 这三类员工在案例背景下的各自表现如图8-13所示。

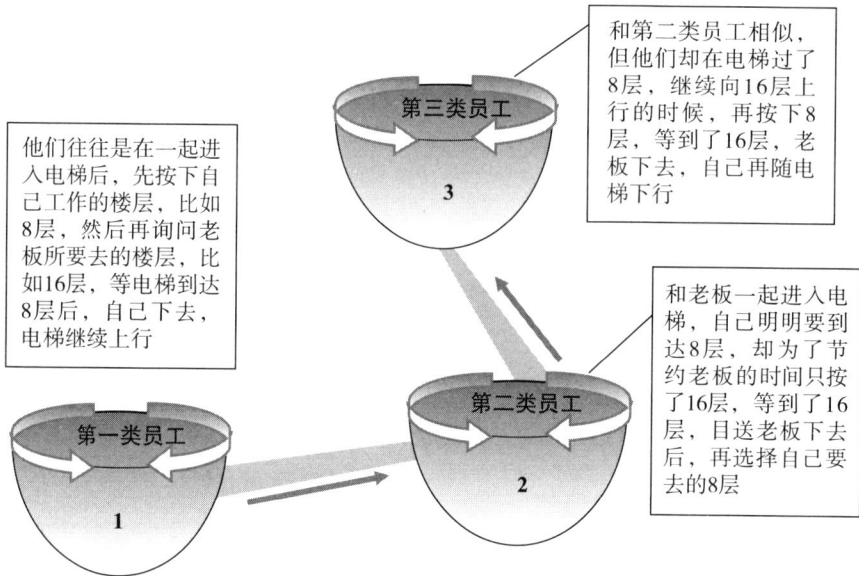

他们往往是在一起进入电梯后，先按下自己工作的楼层，比如8层，然后再询问老板所要去的楼层，比如16层，等电梯到达8层后，自己下去，电梯继续上行

和第二类员工相似，但他们却在电梯过了8层，继续向16层上行的时候，再按下8层，等到了16层，老板下去，自己再随电梯下行

和老板一起进入电梯，自己明明要到达8层，却为了节约老板的时间只按了16层，等到了16层，目送老板下去后，再选择自己要去的8层

图8-15　三类员工坐电梯时表现出的晋升能力

2. 三类员工坐电梯时表现出的晋升能力点评。

第一类员工：不知道老板的时间比他的更重要，不会从老板的角度考虑，只顾自己，这种员工的职场发展前景不甚乐观。

第二类员工：知道为老板考虑，却不懂得为自己打算，不会在正确的时间表现自己，容易在大浪淘沙中被埋没，即便将来的事业有所成就却也有限。

第三类员工：虽然只比第二类员工多做了一点，却从众人中脱颖而出，给老板留下良好的印象，赢得了老板的赏识，因为他用心良苦：节约老板的时间，同时也重视自己的时间。

8.48.2　HR专员的晋升通道

HR专员应该为自己制订明确的职业发展目标，进而沿着自己的职业发展路线实施一些个人提升活动。清晰而正确的职业发展目标也是HR专员在企业内部快速获得晋升的基础。

HR专员设计的职业发展通道要符合自身的实际情况，符合个人的职业发展状况，在目前职业地位的基础上合理提升。HR专员的职业发展通道主要包括以下5个阶段，如图8-16所示。

图8-16　HR专员职业发展通道

由HR专员职业发展通道可以看出，HR专员职业发展的下一个目标是HR主管，HR主管是在各企业人力资源管理工作中较高一层的基层人力资源管理工作。相对于HR专员的工作内容，HR主管接触到的日常工作无论从业务范围上，还是从技术难度上均较HR专员上升了一个档次。此时，HR专员下一个晋升目标锁定HR主管是较为合适的。

企业在产生职位空缺或人员需求时，通常可采取内部选拔或外部招聘的方式来填补相应岗位。通常内部选拔是企业首先考虑的填补方式，但前提条件是企业内部必须有合适的人选。因此，这也为HR专员晋升提供了良好的机会。

HR专员平时应注意个人能力的提升，具备晋升目标岗位所需要的知识、技能和素质水平是HR专员晋升成功的关键。除此之外，HR专员的日常工作内容需要与企业内外不同的人员接触，因此良好的人际沟通、交往能力，也是HR专员晋升成功的必备条件。

8.48.3 营销人员的晋升通道

营销人员的工作内容主要为完成组织的销售目标，开发潜在客户，开辟新市场及维护客户关系等。

营销人员工作绩效的影响因素多且复杂。从个体内部因素看，营销技能的显性化程度低，不易转化为显性知识；营销技巧可学习性低；同时，营销技能的个体差异也较大。另外，外部因素对营销人员业绩的影响也较大，比如，国内外市场大环境、地域性的风俗习惯等。

通常情况下，企业营销人员的职业发展可以设计管理和专业两条路径，模型如图8-17所示。

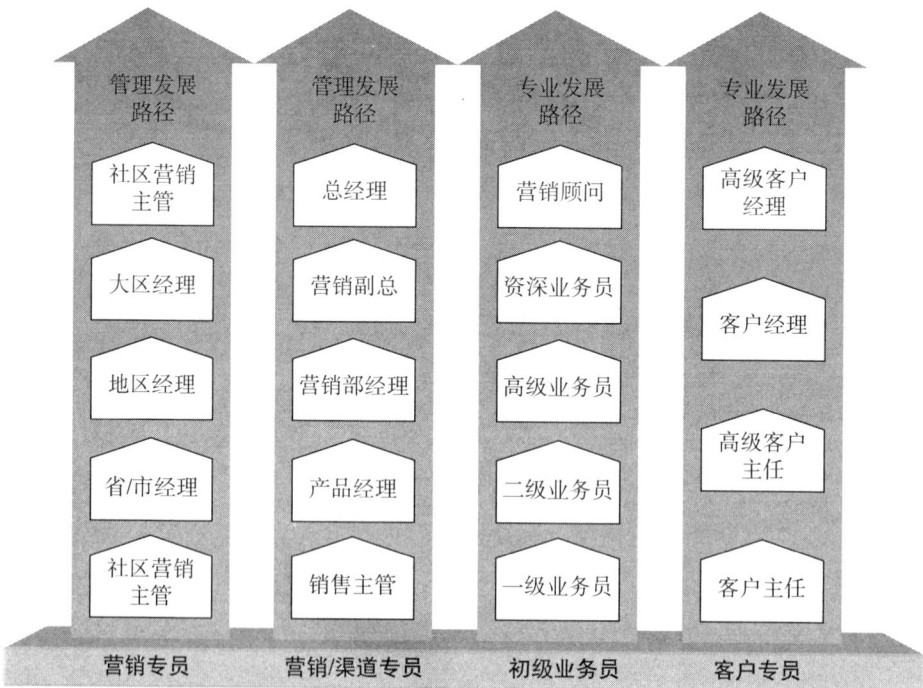

图8-17 营销人员职业发展模型

8.48.4 财务人员的晋升通道

财务人员的工作内容主要包括对组织的资金进行核算、审计、分析，并了解组织的资金流动和周转情况等。财务人员的职业特点主要体现在以下两个方面。一方面，工作烦琐而责任重大：财务类工作比较繁杂，而且不能有丝毫马虎，财务人员要对工作的准确性、合法性、真实性等承担责任；另一方面，工作接触范围广：从事财务工作的人员需要接触各类表单和数据，对组织的经营境况能够从财务数据上了解和把握。

通常情况下，企业财务人员的职业发展模型如图8-18所示。

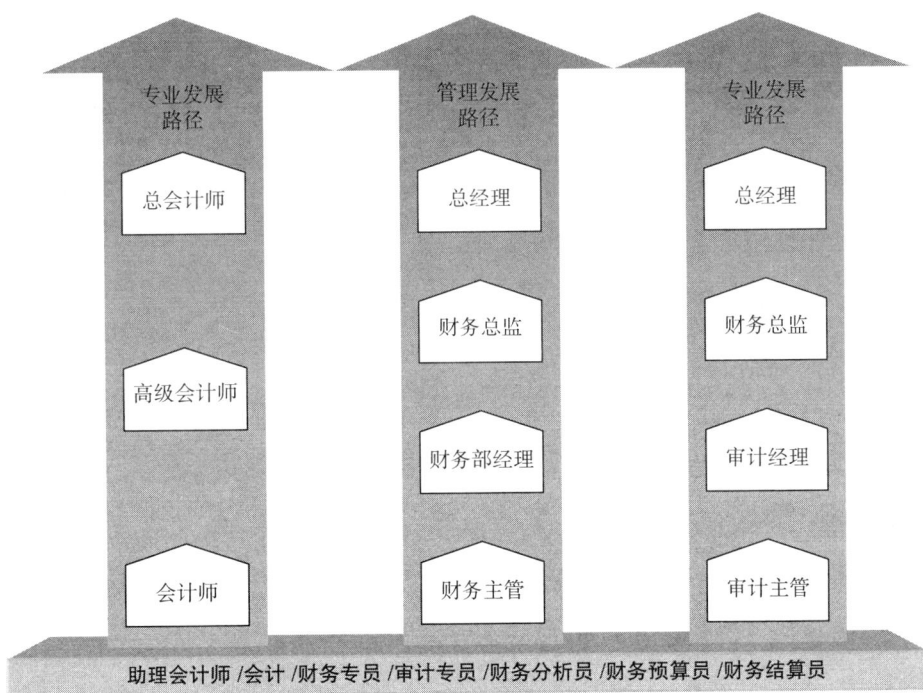

图8-18 企业财务人员职业发展模型

🍄 加个任务

旁观者：最后了还加任务，这是要把职场新人逼疯吗？

职场前辈：这就被逼疯了？那我们应该算疯过好几次了，挺过去，就离成功更近一步了。职场新人加油！

结合3个典型岗位的晋升通道，搜集你所属行业所从事岗位的晋升通道模型。一方面，对照看看是否与你的个人职业生涯规划相符；另一方面，按照亚历山大·奥斯特瓦德《商业模式新生代（个人篇）：一张画面重塑你的职业生涯》中的指导，真正找到你"兴趣+技能+个性"中间那个交叉部分的职业"蜜罐区"。

附录 A：
弈博明道教育简介
及其知识产品

弈博明道教育简介

博弈，源于《论语》。

弈，下围棋，讲究方法攻略，有规律可循。

博，大也，通也，博采，射幸，运气好，无非偶然。

弈博：即所谓三分天注定，七分靠打拼之意。

明，明确，明晰，明白，搞清楚，光明；

道，道理，规律，含义，意义，方法。

明道：即明白道理，光明理道。

一生二,二生三,三生万物。万事万物尽在道明博弈的过程之中。

"飞猫智慧HR.KMS®"是北京弈博明道教育科技有限公司的注册商标。

- 我们助力HR避免风险失误，创业者少走弯路，初学者价值倍增，创新者如虎添翼；

- 我们的产品立体化:版权课程、品牌活动、图书、咨询项目、量身定制整体解决方案；

- "就业+创业+创新""校园+职场""线上+线下"，我们愿与拥有大梦想者同行。

我们的愿景：目录职场，道明博弈，智慧启航。

我们的使命：思考、蜕变、涅槃，提升职业素质，打造共赢职场。

我们的价值宗旨：锐利目光、视野全球、运筹帷幄，与敬业者同行，与创业者结伴，与创新者腾飞。

弈博明道出版系列图书

1.《智慧职场拒绝黑天鹅》及系列

2.《"小蘑菇"晋级工具箱》

3.《致未来的职场大咖们》

4.《我是创业家，我是大BOSS》

弈博明道作家导师团培训课程

1.《智慧职场高效工具与方法》系列（视频+面授）

2.《我的28堂HR入门实战课》系列（视频+面授）

3.《人力资源管理精细化工作坊》系列（视频+面授）

4.《斜杠青年跨界人才画布工作坊》系列（视频+面授）

5.《如何写好一本工具书》系列（视频+面授）

6.《如何在智慧职场如鱼得水》

7.《如何高效培训与开发潜能》

8.《如何选人用人育人留人激人》

弈博明道作家导师团管理咨询项目

1. 人力资源管理精细化咨询

2. 实务实操实战"三实"咨询

3. 孵化器初创团队之绩效倍增

4. 大学生创业项目机会与选择

5. 职场智慧达人/智慧女性系列

6. 高绩效团队管理工作手册系列

弈博明道邮箱：huaiyijiaoyu@163.com

附录 B:
智囊团顾问
群英录

刘务乾
状元汇创始人兼董事长
全国大学生创业校园大赛发起人

白三庆
中国领导力发展研究院执行院长
中国好讲师大赛评委会执行主席

冠 华
罗森伯格品牌管理咨询CEO
营销战略咨询界"聚焦少帅"

方 奕
中国煤科集团公司高级主管
博士，MBA，企业文化师

廖满媛
北京工业大学任教，高级职业指导师
全球职业生涯教练，全球职业规划师

傅 强
紫牛君品牌咨询创始人
互联网实战营销专家

钟海政
北京理工大学材料学院教授
在量子点显示技术领域有突出贡献

王文凤
北京服装学院老师
十佳班主任工作教师

朱培雄
国家留学服务标准与认证平台运营总监
京师励泽教育学研究院研究所执行所长

刘喜怀
河北经贸大学现代教育技术中
心教授级高级工程师
河北教育技术学会副秘书长
省科技厅专家库专家

李 洋
曾就职于中铁四局人力资源部
硕士，心理咨询师，政治老师

李 骏
投资总监俱乐部主席
荒草地咨询合伙人

徐晓杰
资深HRD，曾任美股上市公司
HRBP head HRD
AI公司HRD

李 强
中育诚成人力资源研究院院长
《人力资源管理》杂志理事

宋 凝
中央美术学院附中学生
插画设计师，为多部图书创作插画

"小蘑菇"晋级工具箱